오자와 컬렉션 ❶

심리학은 아이들 편인가

오자와 컬렉션 ❶

심리학은 아이들 편인가

교육으로부터의 해방

오자와 마키코 지음 | 박동섭 옮김

서현사

지은이

오자와 마키코(小沢牧子)

1937년 일본 홋카이도 출생.
'오자켄'이라는 애칭을 갖고 있는, 일본뿐만 아니라 한국에도 많은 팬이 있는 가수 오자와 켄지(小沢健二)의 어머니.
임상심리학론, 아동・가정론을 전공한 그는 여러 곳의 교육상담 관련 직장을 거친 후 和光대학교, 千葉県立위생전문대학, 문화학원 전공과의 시간강사로서 임상심리학, 교육심리학, 가정론 등을 강의하였다.
일본국민교육문화종합연구소의 운영위원과, 연구위원을 역임하고, 현재 일본사회임상심리학회 운영위원으로 있다.
저서로 『마음의 전문가는 필요 없다』(洋泉社), 『아이차별의 사회』(労動經濟社), 『마음의 시대와 교육』(青土社), 『아이가 있는 곳으로부터』(오자와 옛날 이야기 연구소) 등이 있으며, 공저로 『마음을 상품화하는 사회』(洋泉社), 『카운슬링・환상과 현실』, 『심리치료를 묻기』(이상 現代書館), 『학교카운슬링과 심리테스트를 묻기』, 『인간・임상・사회』(이상 影書房), 『여성들의 교육개혁』(國土社) 등이 있다.

心理学は子どもの味方か？－教育の解放へ－. 小沢牧子 著.

| 머리말 |

“왜 심리학에 의문을 갖게 되었는가?”라는 질문을 자주 받는다. 그것은 심리학이 약한 입장(아이, 내담자, 피험자, 장애인)에 놓여 있는 사람들을 은연중에 관리하고, 때로는 그들을 묶어두는 정교한 새 그물 같은 역할을 하고 있는 것은 아닐까 자각하였기 때문이다.

내가 심리학을 공부하려고 생각한 것은 1950년대 말 고등학생 때였다. 여성의 대학 진학률은 지금과는 달리 낮았고, 여성이 직업을 갖고 그것을 계속 유지해 나가는 것도 현재와 비교해서 훨씬 힘든 시대였다. 나는 그 당시 여성으로서 살아남을 수 있는 직종은 학교 교사나 심리학 관련 일이라고 생각하였다. 그처럼 막연한 생각이 나를 심리학 공부로 이끈 것이다.

대학 졸업 후 국립연구소 연구원으로서 심리테스트와 심리치료 등을 공부하고 몇 년간 공립 교육상담기관에서 비정규직으로 심리상담과 관련된 일을 하였다. 즉 1960년대에는 10년 정도를 상담과 임상심리학 연구에 몰두하였다. 그 시기에 가정을 갖게 되었고, 두 명의 아이를 키우면서 심리테스트 관련 저서를 집필하기도 하였다.

심리학 관련 일과 아이들을 키우면서 점차 내가 몸담고 있는 직업과 심리학의 전문성에 관한 의문이 나의 내부에서부터 고개를 들기 시작하였다. 그 첫 계기는 먼저 내 아이들과의 생활 속에 있었다.

예를 들면 여섯 살배기 둘째아들이 유치원에 가고 싶지 않다고 토로하였다. 당사자인 둘째와 첫째아이 그리고 남편과 넷이서 생각한 끝에 유치원에 자퇴 신청서를 냈을 때, 유치원 원장은 "아이의 응석을 곧이곧대로 받아들여 유치원을 그만두게 하면 평생 후회할 수도 있어요."라고 말하였다. 아이를 가진 부모 입장은 약할 수밖에 없는 노릇이다. 내가 그 원장의 말에 동요되지 않았다고 하면 거짓말일 것이다.

그때 문득 든 생각이 "나의 둘째 같은 아이를 둔 부모가 아이와 함께 교육상담을 받을 것을 권유받는 거구나."였다. 즉 문제를 갖고 있는 부모와 아이로서 심리테스트를 받고, 이어서 상담을 받게 되는 구도 위에 나도 설 수 있구나 하는 자각이었다.

상담 받는 것에 대해 위화감을 느끼는 입장, 심리테스트를 실시하는 입장이 아닌 심리테스트와 치료를 받는 입장에서 자신의 일을 한번 돌아보고, 스스로의 일에 대해 새롭게 자문할 수 있는 계기가 이렇게 만들어졌다.

또 하나 예를 들면 초등학교 2학년이 된 첫째아이의 공부가 너무 어려웠다. 아이가 배우는 교과 내용 수준이 갑자기 높아졌을 때였다. 수학공부의 난이도가 높고, 수업 진도가 너무 빠른 데 대해 부모들이 학부모-교사 모임*에서 문제제기를 하였다. "반 평균점이 아주 낮은 걸 보면 교과내용이 너무 어려운 것이 아닐까?"라고. 그때 학년주임 교사의 부모들에 대한 반응은 다음과 같았다.

* 학부모-교사모임(PTA. Parent-Teacher Association)은 학교마다 조직된 보호자와 교직원에 의한 교육관계 단체를 가리킨다. 각자가 임의로 입회하는 단체로 개개 학생의 성장보다도 개개 학생의 성장보다도 교직원 및 학교 나아가 모든 아이들의 이익이 되는 방향으로 기부금을 모으거나 교직원을 지원하는 활동을 한다.

"학교 공부 내용에 관해서는 저희 같은 전문가가 잘 생각해서 정하는 것입니다. 부모님들은 아마추어인 만큼 신경 쓰지 마시고 아이들 교육에 관한 한 안심하고 학교에 맡겨주시면 됩니다."

그때, '전문가라는 말이 이렇게 사용되는구나.'라고 새삼스럽게 느꼈다. 약한 입장에 놓여 있는 사람의 입을 막기 위해서 직장에서는 나도 전문가라 불리는 권위의 옷을 입고 있다. 나는 교육상담의 장에서 무엇을 하고 있었던 것일까? 발달지체를 갖고 있는 아이들에게 지능테스트를 하거나, 정서장애를 갖고 있는 아이들에게 성격테스트를 하거나, 아이 문제로 고민하는 부모에게 상담을 하였다. 그런데 이러한 나의 행동이 무의식중에 상대방의 입장을 무시하거나 막다른 골목에 몰아넣지는 않았을까 되돌아볼 계기가 된 것이다.

상담, 심리테스트, 성격테스트, 그것을 받는 입장에 서서 지금까지 자신이 몰두해 온 일과 임상심리학의 역할을 제대로 점검해 볼 필요가 있었다.

인간 해방에 도움이 되는 학문이라고 믿었고, 그러기 위한 일을 해왔다고 생각했는데, 심리학 관련 일을 시작한 지 불과 10년 만에 멈춰 설 수밖에 없었던 또 한 가지 계기가 있었다.

그것은 심리테스트와 치료를 받는 사람들의 반응이었다. 놀이치료를 받고 "선생님은 나를 기만한다."고 말한 소녀, "실은 이런 기분 나쁜 테스트하고 싶지 않아요."라고 고백한 대학생, "선생님은 아이 문제가 저한테 원인이 있다는 눈으로 저를 보고 있죠."라고 눈물을 글썽거렸던 어머니, 불안발작을 겪던 이웃의 "아무것도 안 해주셔도 됩니다. 단지 옆에 있어 주기만 하면 됩니다."라는 말.

나는 그때 그것이 심리학 전문가로서 내가 미숙하기 때문이 아니라 다른 종류의 문제 때문에 그러한 이야기를 들을 수밖에 없었을 거라고 생각하였다.

심리테스트와 치료는 그것을 받는 사람에게 있어서 무엇일까? 어쩌면 하는 사람을 위한 것은 아닐까? 정상이라는 것은 무엇일까? 이상이라는 것은 무엇일까? 낫게 한다는 것은? 낫는 것은?

이러한 물음과 함께 여러 가지 사회적 문제가 부각되었다. 그것이 불리한 입장에 놓인 약자에게 어떤 일의 결과로 생긴 모순이나 불리한 조건 등을 떠넘기는 구도, 심리학(지금까지는 임상심리학과 교육심리학)이 지배자 측의 기대로 어떤 역할을 담당해왔는가를 좋든 싫든 밝히지 않으면 안 된다는 생각을 하게 되었다.

그런 생각에 도달하게 된 것은 내가 살고 있는 지역에서 우연히 만났던 사람들과 인연을 맺은 덕분이기도 하다. 앞에서 언급했던 아이가 관련되어 있는 학교 교과내용의 문제가 계기가 되어 그 문제를 결코 회피할 수 없는 부모로서 참여했던 주민운동과의 인연이 그것이었다. 학교교육과정, 그중에서도 수학의 고도화와 진도가 빠른 것에 대해 강한 의문을 안고 있는 부모들과 함께 '수학교과서를 연구하는 부모 모임'에 참여한 것은 1970년대의 7년간이었다. 이 체험은 생활인으로서의 시각을 넓히고 연마하는 것뿐만 아니라, 동시에 전문가라고 불리는 자신의 모습을 점검하는 계기도 되었다. 왜냐하면 자기 자신을 포함한 부모와 아이들의 문제를 만들어내는 사회적 구도를 염두에 두면서 나의 일과 연구를 거듭 생각하게 되었기 때문이다.

심리학 연구자로서 심리학이 갖는 사회적 역할에 의문을 가지면서도 심리학을 결코 떠나지 않고 갈팡질팡하는 동안 똑같은 문제로 고민하는 사람들이 모인 학회에서도 날카로운 문제제기를 하고 있었다. 그것은 '일본임상심리학회'이다. 1964년에 탄생한 이 학회의 구성원들은 환자, 병자라고 불리는 이른바 치료와 심리테스트를 받는 입장에 있는 사람들로부터 항의를 받고, 1971년에 학회개혁위원회를 발족시켜 임상심리학의 역할과 본질에 관해서 또한 심리임상의 업무가 나아가야 할 방향에 관해서 근원적인 새롭게 묻기와 자기점검 작업에 착수하였다. 이러한 사실을 알면서도 나는 그 활동을 멀리서 바라보고만 있었다. 물론 후퇴하는 여지를 남기진 않았지만 어중간한 태도를 취하고 있었는데, 나로서는 학회 개혁을 급진적으로 추진하는 사람들이 한편으로는 존경스러우면서도 또 한편으로는 나의 느릿느릿한 행보가 거기에 말려들 것 같은 두려움 때문에 곧바로 가까이 갈 수가 없었던 것이다. 그 사람들과 함께하는 것이 가장 우선적으로 필요한 일이라는 것은 분명했다. 그들이 나 자신과 똑같은 물음을 갖고 있다는 사실을 어렴풋이 느끼고 있었기 때문이다. 돌이켜보건대 그때 나는 10여 년에 걸쳐 쌓아왔다고 생각한 내 학문적 토대가 하루아침에 무너지는 것을 두려워하고 있었다.

학교개혁 후의 일본임상심리학회에 조금씩 가까워지게 된 것은 그로부터 6~7년이 지나고 난 뒤였다. 늦었지만 이 학회 사람들과 관계를 가짐으로써 내 시점의 반성과 변화를 좀더 확인할 수 있었고, 앞으로 내가 어떻게 행동해야 하는가에 관해서도 어느 정도 눈이 뜨였다. 이 관계 속에서 배운 것은 정말 큰 힘이 되었다. 몇 년 후인 1983년에 나는 이 학회의 운영위원회 일을 맡게 되었고, 이후 8년 정도 학회의 많은 관계자들과 함께 심리테스트, 성격테스트, 상담을 받는 사람의 입장에서 심리학을 새롭게 보고 사색하고 실천 방향을 모색하면서 현재에 이르게 되었다.

어쩌다 보니 심리학연구자, 실천가로서의 내 '이력'에 대해 다소 길게 이야기해버리고 말았다. 그러나 '왜 심리학에 대해 물어야 하는가'라는 배경을 빼고 독자에게 이 책을 만나게 할 수는 없는 노릇이었다. 심리학을 공부하고 드디어 심리학자로서 그것에 대해 반문하게 된 나의 토대는, 제일 먼저 한 명의 부모, 여성 혹은 생활인으로서 자신의 전문영역을 어떻게 볼 것인가에 있었다. 나는 지금도 변함없이 심리학에 몸담고 있고, 스스로 심리학연구자라고 생각하고 있지만 그 시점을 전문가, 심리테스트와 성격테스트 그리고 상담을 하는 입장이 아니라 한 명의 부모, 한 명의 여성 그리고 그러한 것들을 '받는 입장'에 두고 싶다. 이것은 나의 바람인 동시에 나의 뜻이기도 하지만 실제로는 불가능한 일이다. 왜냐하면 내가 전문가라고 불리는 것을 부정하는 일은 결코 가능하지 않기 때문이다.

그럼에도 불구하고 나는 결코 순조롭게 성장했다고는 할 수 없는 아이들의 엄마이며, 심리학에 의해 여성성의 성숙에 문제가 있다고 지적 받을지도 모르는 한 명의 여성이다. 부정할 수 없는 이 사실들로 인해 나는 심리테스트, 성격테스트, 상담 등을 받는 사람의 입장이기도 하다. 내 주위에는 마음의 고민과 고통과 싸우는 많은 이웃, 친구, 아이들 그리고 그들과 더불어 사는 사람들이 있다. 문제는 우리 앞에 일어나는 다양한 현상을 어떤 시각으로 꼼꼼히 살펴볼 것인가에 있다고 본다.

교육 속에 뿌리 깊게 침투해 있는 심리학의 얼굴을 찾아내는 것은 결코 쉽지 않은 일이다. 은연중에 우리 생활 깊이 뿌리 내린 심리학의 안팎을 확인하고 그것을 생활인의 시각으로 어떻게 볼 것인가? 그 논의에 본서가 도움이 되었으면 하는 바람이다. 특히 학교현장의 교직원, 교직을 꿈꾸는 학생들, 그리고 무엇보다도 아이들과 더불어 살아가는 것에 대해 어려움을 호소하는 이 시대의 고민하고 힘들어하는 부모들과 함께 심리학에 대한 나의 물음을 공유할 수 있다면 기쁘기 그지없을 것이다.

'전문성에 대한 속박'과 '전문성 신앙'으로부터 벗어나 자신의 발이 닿아 있는 '생활현실'이라는 대지를 고려하면서 다름 아닌 우리 자신의 입장에서 지(知)와 힘과 연대를 느긋하고 자유롭게 만들어내기 위해서.

2000년 7월 15일

오자와 마키코

| 한국어판 머리말 |

심리학은 부드럽고 상냥한 얼굴을 하고 있기에 비전문가들에게도 꽤 인기가 있는 학문이다. 이 책에서 다루고 있는 것은 주로 임상 심리학인데 이 학문은 아이의 발달을 돕고, 문제해결에 기여할 것이라는 생각에 많은 사람들에게 '아이 편'이라고 인식되어 왔다. 젊었을 때 심리상담 일에 종사한 나 역시 당시에는 그렇게 생각하고 있었다.

그러나 실제로 이 일을 계속해 오면서 나는 다양한 의문을 안게 되었다. 예를 들면 심리테스트는 아이의 발달이나 내면 측정에 목표를 두는데 그것이 결과적으로 아이를, 예컨대 정상/비정상, 건강/장애 그리고 우등/열등 등으로 나누어 차별하는 것은 아닌가? 또 심리치료는 여러 증상을 호소하는 사람들이 안고 있는 문제를 해결하려 하지만, 문제의 '사회적 측면'을 경시하고 그 문제를 개인의 내면문제로 환원시켜버리는 경향을 갖고 있는 것은 아닐까? 즉 심리학이 사회가 낳은 문제를 개인의 문제로 전가시키는 오류를 범하는 것은 아닐까? 등이 바로 그것이다.

이 책은 이러한 의문에 관해서 나의 일뿐만 아니라 내 아이들과 주위의 아이, 대학생들과의 생활에 이르기까지 다양한 시각에서부터 심리학을 점검한 문장을 모은 것이다. 또한 심리학을 묻는 것은 거기에 속박되어 있는 '교육'을 묻는 것으로 연결되기 때문에 '교육으로부터의 해방'이라는 부제목을 달았다.

현재 시점에 서서 생각해보면 이 책의 초판이 출판된 1990년대 중반 일본은 '신자유주의'라고 불리는 경제체제가 '자기실현', '자기결정' 등의 말과 함께 세상에 퍼져 나가는 시기였다. 그러한 말들은 심리학과 관계가 깊은 것이었는데, 그 때문인지 심리학이 인기를 끌고, '마음의 시대,' '물건에서 마음으로' 등 '마음'이라는 말이 유행하였다. 마치 '차가운 물건으로부터 따뜻한 마음으로'의 시대로 변화할 것처럼. 또한 마음의 전문가라고 불리는 직업이 급속히 증가하였다.

그러나 부드러운 말의 유행과는 정반대로 사람들은 뿔뿔이 흩어지게 되었고, 빈부의 격차가 커져서 약한 입장에 있는 사람은 한층 더 살기 어려워졌다. 그것은 마음을 소리 높여 외치는 뒤편에, 강자 본위의 경제체제가 진행되고 있었기 때문이다. 신자유주의는 '자기책임'이라는 냉혹한 키워드를 가지고 있지만, 임상심리학은 그 냉혹함이 낳은 사람들의 불만을 진정시켜, 자기내면으로 관심을 향하게 함으로써 문제를 개인이 떠맡게 하는 역할을 담당한다.

정치적 · 사회적으로 만들어지는 문제를 개인내면으로 돌려 자기책임을 지우게 하는 역할, 즉 사람들을 컨트롤하는 역할을 심리학이 맡은 것은 아닐까? 나는 그렇게 생각하지 않을 수 없었다. 즉 신자유주의와 심리학·심리요법은 뗄 수 없는 상호관계를 맺으면서 동시에 세상으로 침투한 것은 아닐까? 한국의 사정은 어떨까?

박동섭 선생이 이 책을 번역하여 한국 독자들의 손에 닿을 수 있게 된 것을 진심으로 기쁘게 생각한다. 앞으로도 심리학이 사회 속에서 맡고 있는 다양한 역할이, 스스로 갖고 있는 문제적 측면까지 포함해서 논의되기를 아이들을 위해서라도 바라는 마음이다.

2009년 10월 27일

카나가와현 카와사키시에서

오자와 마키코

| 역자의 글 |

오자와 선생의 『심리학은 아이들 편인가』를 이 땅에 소개하려고 마음먹었을 때부터 역자의 입가에 계속 맴돌았던 글이 있다.

> "단순한 것을 설명하기란 정말 힘든 일이다. 이 책의 많은 부분은 단순한 것들을 좀 더 명백히 하는 데에 바쳐졌다."(『의식혁명』, 한문화)

> "이 수업 내내 배웠던 개념들은 다른 곳에 있는 것이 아니라 내 속에서 찾아볼 수 있는 극히 친숙한 것들이었다. 그리고 그렇기 때문에 아이러니컬하게도 그것을 깨닫기까지는 참으로 많은 과제를 하고, 생각을 하고, 수업을 들어야만 했던 것이다."

『의식혁명』에서 인용한 첫번째 문장과 역자의 수업을 들은 학생의 감상문에서 발췌한 두번째 문장은 무엇보다도 단순하지만 우리가 잊고 있었던 것, 우리 삶 속에서 찾아볼 수 있는 극히 친숙한 것을 역설하는 오자와 선생의 글을 잘 담아내는 가장 적절한 문구일 것이다.

오자와 선생의 글은 기존의 수많은 교육심리학 혹은 발달심리학, 상담심리학이라는 제목을 달고 있는 책에서 다루고 있는 것과는 달리, 결코 '특정한 이론에 기초해서 이렇게 아이를 키우면, 이렇게 학생을 가르치면, 그리고 이렇게 상담을 하면, 그들이 저렇게 바뀌고 변화할 것이다.'라고 말하지 않는다. 대신에 '어떠한 방식으로 가르치면 학생들은 이렇게 변화할 것'이라는 생각 그 자체가 과연 옳은 것인지에 대해 의문을 제기하며, 그러한 생각 너머에 깔려 있는 다양한 전제들에 대해 물음을 던지고 있다.

선생의 글 속에는 수십 년간 현장에서 학생과 부모들을 만나면서 그리고 많은 시행착오를 겪으면서 과거에 아이들을 키웠고, 아이양육을 둘러싼 같은 고민을 다른 부모들과 함께 나누었던 생활인으로서, 심리테스트를 통해 발달장애와 지체아동 등을 선별했던 자신의 과거를 돌아보면 그런 아이를 가진 부모와 아이들에게 미안한 마음뿐이라는 '상담 전문가'로서, 대학 강의실에서 학생들을 가르치기보다는 그들로부터 많은 것을 배웠다는 진솔한 한 명의 '교육자'로서, 나아가 '생활'과 '학문', '구체'와 '추상', '실천'과 '이론'을 왕복 운동하면서 새로운 지(知)의 창출을 도모하는 임상심리학자의 면모가 그대로 녹아들어 있다. 효과적 교수법, 심리치료법 이전에 우리가 진지하게 고민해야 하는 물음들, '인간이란 어떤 존재인가?', '교육이란 무엇인가?', '발달이란 무엇인가?', '안다는 것은 무엇을 의미하는가?', '상담은 누구를 위한 것인가?', '학생이 진정으로 원하는 것은 무엇인가?'에 대한 오자와 선생의 글은 같은 물음을 탐구하는 여정으로 우리를 이끌고 있다.

더불어 선생의 글은 이 땅에 나와 있는 많은 교육심리학, 발달심리학, 그리고 상담심리학 등의 저서가, 부모나 교사들 그리고 그들 손에서 자라는 아이나 학생, 이른바 정서장애, 발달장애를 겪고 있는 초등학생, 심리테스트를 희망하는 중학생, 자신의 고민해결을 위해 상담자를 찾는 고등학생, 교육심리 같은 교직과목을 듣는 대학생과 교육심리를 전공하는 대학원생과 같이 다양하고 복잡한 현실 속에서 살아가는 바로 우리 '이웃'들에게 진정으로 도움이 되는가를 묻는 계기가 되어 주었다.

역자 또한 이 책을 번역해 나가면서 오자와 선생의 글을 만나기 이전의 자신의 시점을 잠시 묶어둔 채, 돌아보고 반성하게 되었다. 역자는 지금까지 교육심리학 연구자로서 아이들과 학생들을 위한 교육심리학 혹은 발달심리학 책을 집필하면 아이를 키우고 학생을 가르치는 부모와 교사들에게 일조할 수 있을 거라고 굳게 믿고 있었다.

그런데 오자와 선생의 글은 그러한 책 집필 이전에, 그것이 '부모와 교사들에게 당연하게 도움이 될 수 있는 것으로 연결된다는 신념'이 과연 옳은 것인지, 그러한 신념이 재고의 여지는 없는지에 대해 묻게 하는 강력한 힘을 가지고 있었다.

그런데 이러한 물음들은 그에 대한 답을 찾는 행위로 곧바로 이어지기보다, '연구자로서 나는 누구인가?', '나는 교육현장과는 상관없는 초월적 존재로서 양육과 교육에 힘쓰는 부모와 교사들에게 심리학 이론을 일방적으로 전해주는 메신저인가?', '내가 하려고 하는 일은 도대체 누구를 위한 것인가?', '전문가는 어떤 존재이고, 어떤 존재여야 하는가?' '또한 나는 혹여 이론(theory)이 실천(practice)보다 위에 있다고 믿고 일상의 양육 및 교육을 실천하는 이웃들의 생생한 '삶의 모습'을 애써 외면하려 하지는 않았는가?' 등 좀 더 근원적인 물음을 불러일으키는 촉매제가 되었다.

개인적으로 이 글은 역자가 최근 관심을 갖고 있는 여러 학자들, 예컨대 비고츠키, 푸코, 바흐친, 듀이, 일리치, 그리고 우리나라의 신영복 선생의 아이디어를 단 한 줄도 소개하지 않았지만 전체 글 속에 일관되게 흐르는 그분들의 생각의 정수를 읽고 음미하는 흥미로운 체험을 역자에서 선사해주었다. 역자에게, 이 책은 비고츠키의 아이디어에 대한 지식을 체화하는 데 도움을 주었다. 나아가 체화된 지식으로 머무는 데 그치는 것이 아니라, 반드시 그 체화된 지식과 관점으로 일상과 저잣거리로 내려가서 우리 이웃들을 만나고 그들의 생생한 모습을 살필 것을, 그 만남과 살핌을 통해 다시 이론으로 돌아와 그 이론의 충실화와 발전을 도모할 것을 과제로 던져주었다.

이 책을 번역하면서 역자가 갖게 된 여러 물음들 그리고 체험했던 관점의 변화를 독자들 또한 공유할 수 있었으면 하는 바람이다. 동시에 심리학, 인간과 교육 그리고 아이에 대해 진지한 물음은 없고 '답'만 난무하는 이 땅의 교육심리학과 관련된 많은 서적들의 틈새에서 이 책 『심리학은 아이들 편인가』가 '심리학이란 학문은 누구를 위해 존재하는가?', '심리학의 전제는 어떻게 학교교육과 우리의 일상에 침투되어 있는가?', '교육이란 무엇인가?', '교육은 반드시 아이들에게 도움이 되는가?', '발달이란 무조건적으로 옳은 것인가?', '아이의 목소리를 듣는다는 것은 무엇을 뜻하는가?' 와 같은, 너무나 당연하게 우리 삶에 침투하여 이제는 그진위를 향해 날카로운 회의의 눈길을 던지는 것 자체가 낯설어진 교육과 심리에 관한, 보다 근본적으로는 인간에 관한 물음들을 되새기고, 나아가서는 역자가 아직 자각하지 못한 우리 아이들을 위한 새로운 물음을 불러일으키는 데, 그리고 우리 아이들을 위해서 내가 할 수 있는 것이 무엇인지 고민하는 데 도움이 되었으면 하는 바람이다.

따뜻함과 날카로움을 동시에 갖춘 필체로 역자를 매료시키고 많은 생각들을 자아내게 만들어준 이 책의 저자 오자와 선생에게 고마움을 전한다. 선생은 진지함과 열정을 바탕으로 한 명의 임상심리학 전문가인 동시에 부모입장에 서서 아이들을 진정으로 이해하려 노력하고, 나아가 이 사회를 위해 자신이 해야 할 일이 무엇인가를 찾아 자신과 관점을 공유하는 이웃들과 함께 몸소 실천하고 있음을 역자는 분명하게 느낄 수 있었다.

박동섭

| 차례 |

제1부

교육심리학 재고

1장
발달에서 생명의 변화로

함께 즐기는 어른과 아이

일반적으로 "발달은 바람직한 것이다."라고 생각되어 왔다. '아이들의 성장과 발달을 바라면서'라는 표현에서 알 수 있듯이 그것은 의심할 여지없이 '선(善)' 혹은 '좋은 것'으로서 광범위하게 오랫동안 받아들여져 오고 있다.

그런데 바람직해야 할 이 발달이 실은 아이들을 억압하고, 어른들도 부자유의 가치관에 묶어 둔다는 사실을 밝힌 것이 야마시타 츠네오(山下恒男)이다. 야마시타는 자신의 저서 『반(反)발달론－억압의 인간학으로부터의 해방』에서 현대의 '발달(development)'이라는 개념이 아이가 어른에 가까워지는 것을 선으로 규정하고, 혹여 아이가 어른이 기대하고 있는 길로부터 벗어나거나 다른 길을 가는 것처럼 보일 때는 강제적으로 원래 어른이 의도했던 길로 되돌리려 하는 것에서 알 수 있듯이, 어른들은 아이를 어떻게 하면 좋은(바람직한) 발달로 이끌 수 있을 것인가라는 '기술론'에 경도되어 있다고 '발달'이라는 개념이 어떻게 사람들을 억압하는지 그 구도를 상세하게 파헤치고 있다. 야마시타의 이러한 주장은 아주 설득력이 있다.

나도 나름대로 아이가 매일 변화하는 사실과 거기서 일어나는 어른의 감정에 관해서 좀 더 생각의 폭을 넓히고, 깊이를 도모하는 시도를 해보기로 하였다. 그것은 억압이라는 말에서 흘러넘치는 무엇인가가 내 안에 있기 때문이다. 즉 아이에게 발생하는 변화(성장・발달이라고 불려온 것)에 대해서 부정할 수 없이 마음이 끌리고 흥미로워했던 어른 측에 서 있는 내가 있다. 그러한 입장을 고려하면서 경직 혹은 억압의 이미지를 품고 있는 발달이라는 개념을 괄호 안에 묶고 난 이후에 우리는 어디로 갈 수 있을까를 생각해 보고 싶다.

| 읽을거리 |

현재 우리 교육현장은 어떠한가? 대한민국의 교육현장은 '어른을 위한, 어른의, 어른에 의한(For the adult, Of the adult, By the adult)'이라고 단언할 수 있다. 우리는 아이를 하나의 고결한 인격체로 받아들이고 그들의 관심사와 가치관을 존중하기보다는, 궁극적으로 어른(여기서 말하는 어른이란, 넓게 보면 약자에게 권위를 휘두르는 지배층을 포함하는 개념이다)의 사회를 유지(혹은 대물림)하기 위해서, 어른들의 권위를 놓지 않은 채 단순히 아이를 교정(혹은 통제)의 대상으로 바라보고 있다. 물론 상대적으로 아이들은 아직 미성숙의 단계이며, 성인은 그 단계를 지나 조금 더 성숙한 상태다. 따라서 성인이 아이들에게 어떤 가르침

을 주는 데는 아무 문제가 없다. 문제는 바로 그 가르침의 방향과 방법이다. 우리가 아이들의 삶이 어떤 방향으로 나아가고 있는지 살피지 못하고 그저 방관하거나 왜곡한다면, 과연 아이들보다 성숙한 인간으로서 그들에게 가르침을 줄 자격이 있는 것일까?(역자의 수업을 들은 대학생의 과제 중에서)

아이 키우기에 관해서 생각할 때 아이가 새롭게 뭔가 할 수 있게 된 모습이 떠오른다. 거기에는 아이 자신의 만족스러운 모습과 그것을 함께 나누는 어른의 즐거움이 교차된다.

한 가지 장면이 떠오른다. 태어난 지 몇 개월이 안 된 아들을 어느 날 햇볕이 잘 드는 마루 한 켠에 옷을 입히지 않은 채 재웠는데, 누워서 천장만 쳐다보고 있던 아기가 갑자기 '뒤집기'를 시도하였다. 발을 교차하면서 허리를 비틀었다. 상반신은 움직이지 않고 위를 향한 채로 있었는데, 하반신을 비트는 동작을 싫증내지 않고 반복했다. 그것도 몇 시간이나 말이다. 나는 그 모습에 완전히 매료되어 넋을 놓고 바라보고 있었다(얼마나 할 일 없는 한가로운 엄마인가!).

저녁 무렵이 되었을 때 아기는 상반신도 조금씩 비틀기 시작했다. 그리고 결국 오믈렛을 뒤집을 때와 같이 몸을 홱 뒤집는 데 성공하였다. 그 순간 아기는 무슨 일인가가 자신에게 일어났다는 데 놀랐는지 어안이 벙벙한 얼굴이었다. 아무튼 세계가 갑자기 뒤집어진 셈이니까 놀랄 만도 할 것이다. 젊은 아기엄마인 나도 함께 놀랐다.

놀라운 일은 그 후로도 계속되었다. 처음으로 걸을 수 있게 되었을 때 잠시 아장아장 걷다가 어른을 뒤돌아보고 웃던 모습, 한 계단 정도의 높이를 길모퉁이에서 찾아내고는 그 위에 올라서서 뛰어내리는 데 열중하게 된 세 살 무렵, 자전거를 탈 수 있게 된 초등학생 무렵, 아침부터 밤까지 온종일 야구에 몰두하여 저녁밥도 먹는 둥 마는 둥 나가서 공원 가로등 불빛 아래 밤늦도록 친구들과 야구를 하던 그 여름날들, 낚시에 열중하던 시절의 에너지와 집중력.

어느 날은 갑자기 뭔가에 끌려서 하나의 목표에 몸과 마음을 맡기고 '해냈다'며 성공에 심취해서 기뻐 날뛰고, 그 기쁨을 어른들과 나누려고 한다. 아들들의 어린 시절에는 어딘가에 도전하고 있는 진지한 얼굴과 그것에 성공했을 때의 터져 나오는 웃음이 아로새겨져 있었다. 어딘가로 향하는 아이들의 힘, 생명의 약동, 태내에서 외부 세계로, 누워있는 상태에서 뒤집기에 성공하여 손과 발을 단련시키고, 세계를 넓혀 나가고 일어서고 달리고, 차고.

아이들에게 있어서 그것은 놀이이자 삶 그 자체다.

그러한 활동을 통해서 아이가 느끼는 생동감과 그것을 나누는 어른의 기쁨은 아이가 있는 삶의 자연스러운 정경이 된다. 할 수 있게 된다는 것은 아이 자신에게나 그것을 보는 어른에게나 분명히 재미있는 것이다. 식물의 경우로 말하자면 여름밤 시시각각 부풀어 오르는 박꽃 봉오리가 열리는 모습을 바라보는 즐거움과 비슷하다. 그런데 생명의 변화를 흥미 깊게 바라보고 있는 사람과 그 바라봄의 대상이 되는 사람, 즉 어른과 아이의 그러한 관계를 억압으로 전락시키는 위험성은 늘 존재한다.

재미의 쇠퇴

단언컨대 '흥미롭다', '재미있다'라고 느끼는 것이 중요하다고 생각한다. '재미있다'라는 말은 흥미로운 게 아닌가 하고 『고지엔』*을 찾아보니 눈앞이 점점 열리는 느낌, 눈앞이 밝아지는 느낌을 나타내는 것이 어원이고, 기분이 맑아지는 것, 유쾌하다 등으로 이어진다. '재미있다'는 느낌은 그래서 '해방'의 이미지이다. "눈앞이 점점 열리는 상쾌한 기분이다." 아이는 재미있는 존재다. 그리고 구김살 없는 존재다.

눈앞이 열리는 느낌은 일상이 바쁘고 겨를이 없거나 숨 돌릴 틈이 없기 때문에 존재한다. 아이는 대개 다루기 어렵고, 손이 많이 가고, 어른을 지치게 한다. 그러나 때로는 어른에게 웃음을 선사하고 재미있게 해준다. 나는 그중의 하나가 무엇인가 새롭게 할 수 있게 되는 정경이라고 생각한다.

재미있다는 것은 '해방의 이미지'라고 썼다. 아이가 무언가 가능하게 된 것을 어른은 재미있어 한다. 일상의 삶 속에서 한숨 돌림으로써 재미있어 한다는 것은 해방이라고 부를 수 있는 것임에 틀림없다.

그런데 그것이 이제는 좀처럼 그런 느낌으로 다가오지 않게 되어버렸다. 아이가 뭔가를 할 수 있게 된 것, 단순히 그것만으로 재미있다고 표현하는 것은 충분치 않게 되어버린 것이다. 오히려 재미있는

---

* 『고지엔』은 이와나미쇼텐(岩波書店)에서 1955년부터 간행되기 시작한 일본어 사전이다. 일본인들은 내용의 권위와 신뢰성 면에서 산세이도의 『오지린』과 더불어 『고지엔』을 높게 평가하고 있으며, 신문 사설 등에서도 단어의 어원 정의의 출처로 『고지엔』을 자주 언급한다

것이기보다는 선(좋은 것)으로 표현하는 것이 더 어울리는 시대가 되었다. 재미있다는 것은 어딘지 좀 성실치 못한 표현 같아서 좀 더 성실한 표현이 요구된다. 즉 뭔가 할 수 있다는 것은 좋은 것이며, 당연히 그 반대로 뭔가 안 된다는 것은 나쁜 것이라는 감각이 일반적인 것이 되어버렸다.

뭔가 할 수 있게 되는 것에 관한 잣대가 만들어지고, 그것은 불합격과 합격 혹은 발전하고 있다거나 뒤처지고 있다는 표현과 한 몸이 되었다. 그에 따라 뭔가 할 수 있다는 것은 해방이라는 넉넉함과 여유로운 이미지가 아니라, 오히려 억압과 인연이 깊은 개념이 되어버렸다. 왜냐하면 못 하게 되면 혹은 못하면 큰일이라든지 기껏해야 겨우 할 수 있게 되어 다행이라거나 안심이라는 생각이 거기에 착 달라붙게 되었기 때문이다.

왜 그렇게 되어버렸을까? 야마시타가 말한 대로 그것은 발달이라는 구조화된 개념의 확립과 그 개념이 우리 사회로 침투한 사실과 크게 관련되어 있다. 그것은 발달이라는 개념을 통해 아이를 보는 심리학과 의학이 아이의 성장하는 모습에, 예를 들면 '발달지수'라는 수치를 사용해서 값 매김을 하게 되었기 때문이다.

이러한 상황에서 아이와 늘 함께 있는 엄마들은 아이의 식사조차도 일종의 '과제'로 생각하게 되었다. 아이에게 밥 먹이는 게 예삿일이 아니라는 엄마들의 호소를 듣는 경우가 많은데, 그중에서도 자주 듣는 말은 조금이라도 아이에게 많이 먹여 크게 키우고 싶은 부모와 그 요구에 응하지 못하는 작은 위를 가진 아이들과의 갈등이다.

왜 아이가 스스로 먹는 양만으로 만족하지 못하는 것일까? 보건소 등의 의료시설에서 검진 때 담당직원으로부터 "아이가 또래보다 좀 작네요!" 라는 말을 들었다고 말하는 엄마가 많다. 즐거워야 할 식사조차 발달이라는 과제 속에서 완전히 억압적이고 빈곤한 일로 둔갑해버리고 마는 것이다. 이런 모습을 보고 있노라면 아이의 지금을 있는 그대로 즐기고, 장애와 지체를 포함해서 아이의 어떤 모습이라도 있는 그대로 받아들이는 것으로부터 이 세상이 얼마나 동떨어져 있는가를 통감하지 않을 수 없다.

다음의 〈표 1〉에서 보면, 영유아의 정신발달을 ① 감각·지각(W) ② 신체운동(K) ③ 사회성(S) ④ 학습-기억과 모방(L) ⑤ 물건을 다루는 것(M) ⑥ 창의력(P)의 6가지 영역으로 나누어 설명한 것을 알 수 있다.

〈표 1〉 영유아 발달검사 항목(우시지마 요시토모牛島義友 외, 1980)

적용연령	영역	항목번호	검사항목
5개월	K	45	두 가지 물건을 쥐고 있음
	K	46	무릎 위에 앉기
	L	47	반복되는 과정을 기대함
	M	48	장난감을 빼앗기려고 할 때 놓치지 않음
6개월	K	49	빛을 잡기
	K	50	배를 땅에 대고 기는 자세로, 방해가 되는 이불 걷어치우기
	K	51	도움을 받아 일어서기
	K	52	몸이 위를 향한 상태에서 몸을 뒤집기
	S	53	앞으로 나아가서 사람과의 접촉을 시도함

- 계속 -	S L L	54 55 56	숨바꼭질(얼굴을 가리거나 내미는 까꿍놀이) 잃어버린 장난감을 찾으려고 함 장난감을 빼앗겼을 때 소극적 반응
7개월	K K K K L L M M	57 58 59 60 61 62 63 64	침대 바깥의 물건을 찾으려고 함 주위의 도움을 받아 앉으면서 방해가 되는 이불을 치우기 코를 잡히면 어른손을 치우려고 함 혼자서 앉기 빼앗긴 장난감을 주머니로부터 다시 가져오기 모방해서 책상 두들기기 두 개의 장난감을 만지작거리는 운동 위치를 움직여서 장난감을 갖기
8~ 9개월	K K K K S L L M	65 66 67 68 69 70 71 72	혼자서 앉아 두 개의 장난감을 잡기 혼자서 앉아 이불을 치우기 도움을 받아서 서기 기기 어른의 주위를 끌려고 함 흉내 내어 북을 북채로 두들기기 두 개의 숟가락을 맞추기 두 개의 물건 중에서 하나를 반복해서 잡기
10~ 11개월	K S L L M P P P	73 74 75 76 77 78 79 80	앉기 위해 몸을 일으키기 단어 두 개를 말하기 상자 속에 감춰져 있는 물건을 1분 뒤에도 기억하고 있음 이불로 덮혀져 있는 장난감을 다시 꺼내기 속이 비어 있는 6면체를 함께 갖고 놀기 물건을 끈으로 당기기 방울의 부분을 조사하기 칸막이 뒤의 물건을 잡으려고 함

12개월	W	81	2개의 막대기를 비비면서 맞추거나, 짝맞추기
	K	82	혼자서 일어섬
	K	83	손 같은 걸 잡고 걸으면서 무엇인가를 잡기
	S	84	공으로 체계적인 놀이하기
	S	85	요구를 이해하기
	L	86	상자 속에서 없어진 물건을 3분 후까지 기억함
	L	87	새가 나오는 장난감 공을 흉내 내서 누르기
	M	88	속이 비어있는 6면체를 조사하기
	K	89	혼자서 걷기
	K	90	혼자서 걷고 물건 들어올리기
	S	91	사기의 존재를 알리려고 어른 쪽으로 몸을 향하기
	S	92	금지를 이해하기

값매김을 당하는 성장

〈표 1〉에 발달검사의 하나를 예시하였다. 아이의 성장=변화는 오늘날 얼마만큼 상세하게 측정되고 평가되는 것일까? "생후 몇 년 몇 월에 무엇이 가능하게 되는가?"로, 그런데 가만히 생각해 보면 "그래서 어쨌단 말인가?"라고 되묻는 것이 사람의 삶일 것이다. 사람은 각각의 삶을 받고, 있는 그대로 살고, 각각의 시기에 삶을 마감한다. 출생할 때의 고통을 겪으면서 아기는 이 세상에 태어나고 마지막으로는 죽음 또한 고통을 동반한다. 그 사이에 있는 삶의 시간 역시 고통도 즐거움도 함께 있다. 그런데 다른 것과 바꿀 수 없는 각각의 다양한 삶을 '발달'이라는 '척도'가 끊임없이 값매김을 하게 된 것이다.

바람직한 발달, 정상적인 발달, 발달 지체, 발달장애 등등의 말이 부모들을 붙들어 매고 때로는 위협한다.

생명은 끊임없이 변화하는 법인데, 그 변화의 방식에 소위 과학적인 잣대를 들이대 어린 시기에는 월 단위로 변화의 양상이 측정된다. '생명의 변화'에서 '발달'이라고 말이 바뀐 순간에 삶의 모습은 왜곡되고, 축소되고, 경직되어버렸다. 생명에 가격이 매겨지고 합/불합격, 적응/부적응, 정/부정이라고 하는 시점에서 '상품화'가 이루어지게 되었다. 그에 따라 우열과 경쟁이 우리 의식에 착 달라붙기 시작하였다.

그래서 어린아이의 부모들은 발달이라는 눈에 보이지 않는 감시자에 의해 늘 위협을 받는다. 나 자신도 이전엔 그랬다. 또래에 비해서 아이가 목 가누는 것이 늦는 것에 신경이 쓰였고, 아이의 말이 표준연령 시기에 나오는 것에 안심하였다. 앞에서 진술한 것처럼 생명의 변화를 재미있어 하는 시대에서, 정체불명의 발달판정으로 인해 부자유와 압박감에 시달리는 시대에 우리는 살고 있는 것이다.

학교라는 강력한 장

하라 히로코(原ひろこ)는 캐나다에 있는 '헤어 인디언(Hare Indian)' 마을에 살면서 문화인류학적 조사를 실시하였다. 그녀는 연구에서 헤어 인디언들이 육아를 '일하기', '놀기', '쉬기' 중 '놀기' 카테고리에 넣는다는 사실을 발견하였다. 그것은 앞에서 내가 진술한 아이와의 삶을 재미있어 한다는 종류의 이야기가 아닐까 싶다.

그런데 지금 우리 사회에서 '육아'는 당연하게 '일'이고 '사업'이고 심지어는 '어려운 일'로 여겨지고 있다. 그리고 아이가 혹여 부모의 불합리함에 이의를 제기하면 '반항기'로 취급하거나 발달의 척도로 그 의미가 결정되어 버린다. 아이도 결코 편치 않다. 지금 같은 시대에 '아이의 역할을 담당한다는 것', '아이로 산다는 것(doing child)'도 보통 일이 아니라고 무심코 한숨짓는 아이들이 적지 않은 것은 왜일까?

아이 키우기를 일이라고 심각하게 생각할 필요는 없다. '재미있게 여유롭게'를 주장하는 사람들도 물론 있다. 그 기수의 필두로서 들고 싶은 것은 이도 히로미(伊藤比呂美)이다.

이토의 말은 '아이 키우기=일'이라는 도식을 정말 멋지게 날려버린다.

만약 아이를 잘 안아주지 않고 말을 걸지 않으면 아이가 성장하지 않는다고 하자. 그렇다면 엄마가 아기를 안아주어야 할 부담이 너무 커져서 인간은 완전히 절멸하고 말았을 것이다. 이토는 "아이는 의외로 어떤 상황에서도 건강하게 잘 커나갈 것이다."라고 자신의 체험으로부터 이야기를 시작해서 아이 키우기의 비결은 거칠게(카사츠 がさつ), 여유롭게(구우타라 ぐうたら), 적당히(즈보라 ずぼら)라고 단언한다. "육아니 뭐니 하더라도 최종목표는 아이를 살려두는 것이다. 즉 죽지 않으면 그것으로 된 것이다."라고 이토는 "아이는, 엄마는, 육아는 이렇게 되지 않으면 안 된다."의 '되지 않으면 안 된다', 즉 발달과제 일체를 가뿐하게 벗어던져버린다.

엄마를 포함해서 어른들이 먹고살기 위한 노동으로 바빴던 시절,

아이는 누구라도 이토식으로 커 왔다. 살아가기 위한 지혜를 스스로 모아서 커나가고, 친구집단을 만들면서.

그것은 생명체 모두에게 주어진 힘이고, 아이도 물론 예외가 아니었다.

물론 아이를 전문적으로 돌보는 어른에게 전적으로 맡겨진 이른바 '현대적인 아이'가 없었던 것은 아니다. 그런데 그 아이는 온바히가사(おんば日傘)* 라든지 오히키즈리(お引きずり)** 라 불리며 아이사회 속에서는 오히려 있을 곳을 찾기 어려웠던 게 사실이다.

"살아 있기만 하면 아이는 스스로 클 수 있으니까 괜찮다."는 이토식 아이 키우기는 현대 엄마들의 어깨를 가볍게 해주고, 몸과 마음을 가뿐하게 해준다.

그러나 '정상'과 '보통'에 우선순위를 두는 발달 신앙에서 해방되는 것은 결코 쉬운 일이 아니다. 왜냐하면 "아이 키우기는 일이 아니다. 아이 키우기가 아니라 아이가 스스로 커나가기."라고 생각하는 부모들도 한결같이 '학교문제만 없으면'하고 마음속에서 한숨짓기 때문이다.

이토의 여유롭고 넉넉한 주장도 이러한 모순을 해소해주지 못한다. 아이의 성장에 관해서 왜 '거칠게, 여유롭게, 적당히'를 견지할 수 없는 것일까? 그것은 다름 아닌 다른 아이와의 비교가 기다리고

---

* 부잣집에서 고용한 유모가 양산을 아이에게 씌워주는 모양새–응석받이 아이의 모습.

** 긴 기모노를 입고 잘난 체하는 부잣집 아이의 모습.

있기 때문이다. 이토는 특히 '혼자서 걷기'와 '말', 그리고 '기저귀 떼기'에서 그러하다고 지적하면서 그것을 극복할 비장의 무기를 다음과 같이 제시하고 있다. "혼자 걷기, 기저귀 떼기, 말하기, 이유식을 먹이는 것도 초등학교에 들어갈 때가 되면 대개는 어떻게든 된다고 생각하는 것이다."

그런데 역으로 이 비장의 무기야말로 문제가 될 수 있다. 그것은 초등학교 입학 시 혼자 걷기와 말하기를 하지 못하는 아이에 대해서 교육당국 그리고 학교가 "보통학급에서는 무리입니다."라며 또래들로부터 분리해비리는 구도가 있기 때문이다. 그러한 현실을 부모는 알고 있다. 또한 설령 문을 걸어 잠그지 않았다고 하더라도(문은 열려 있다고 하더라도) 언제 배제되는 형국이 될지도 모른다. 지금 이토식의 훌륭한 '거칠게, 여유롭게, 적당히'를 저지하는 것은 다름 아닌 '학교'이다. 어린아이를 가진 엄마들의 제일 큰 걱정은 '우리 아이가 학교에서 제대로 해 나갈 수 있을까?'이고, 또한 '학교에서 조금이라도 상위에 올라갈 수 있었으면'하는 바람을 가지고 있다.

앞에서 예로 들었던 혼자서 걷기, 말, 기저귀 떼기, 이 세 가지는 발달심리학에서 각각 운동발달, 언어발달, 개인=사회적 행동의 발달이라고 정리된다. 발달 상태와 정도를 진단하는 테스트에는 반드시 이 세 영역이 포함되어 있다. 예를 들면 '발달진단학'의 선조인 게젤(A. Gesell)의 발달검사에서는 앞의 세 영역에 적응의 발달을 추가해서 아이의 발달상태를 조사한다. 그 결과 지체되어 있어도 실은 크게 문제가 되지 않기 때문에 이토의 표현방식을 빌리자면 그 아이

나름대로 살아가면 전혀 문제가 없어야 하는 것이다. 그러나 학교를 통해 아이와 부모를 관리하려는 국가는 그것을 인정하려 하지 않는다. 발달에 문제가 있다고 진단 받은 아이는 특별한 장에 격리되고 지도, 치료가 할당된다. 그러한 역할을 국가, 학교는 '취학시 건강심사' 등의 이름으로 떠맡는다. 학교가 아이를 선별하고 할당하는 장으로 기능하게 된 지도 오래되었다.[1]

| 읽을거리 |

푸코(M. Foucault)는 『감옥의 탄생』에서 병원, 학교 등에서 18세기에 만들어진 장부처리(Filing) 기술의 발전에 주목하고 있다. 예를 들면, 병원과 학교에서 장부를 사용해 개개인을 조직적으로 기록하는 것을 통해서 병원과 학교가 없었던 시대와는 다른 어떤 특수한 형태로 '개인'이 가시화되었다. 예컨대 개인의 능력에 초점을 맞추고, 개인과 개인의 경쟁을 가속화시키는 형태로. 한편으로는 이러한 장부라는 사회적·역사적 인공물(artifact)을 통해서 모집단의 평균 그리고 분산이라는 것이 우리에게 '실체(essential)'로서 나타나게 되었다. 그리고 이러한 평균과 분산의 대비를 통해서 그것으로부터 일탈하는 개인도 예컨대 비정상, 정신병, 장애 그리고 학습부진과 같은 명목으로 가시화되었다. 이와 같이 학교라는 제도에서는 '집안의 장남'이라는 맥락에서의 개인과는 전혀 다른 개인이 만들어지게 되고, 마치 그것이 보편적이고 불변의 실체인 것처럼 다루어지게 되었다.

그것을 충분히 알고 있는 부모들은 아이를 어느덧 비교의 눈으로 바라보고, 학교가 바라는 발달상을 향해서 아이의 등을 떠민다. 아이의 성장은 이렇게 해서 완전히 학교적인 것에 묶이게 된다.[1]

| 읽을거리 |

근대의 산물 중 하나인 학교를 철저히 비판한 일리치(I. Illich)의 '탈학교론'의 중심적인 의도는 학교의 탈학교화가 아니라 학교화된 사회로부터의 탈피였다는 것을 놓쳐서는 안 된다. 일리치는 학교화된 사회(schooled society)에 대항해서 탈학교화된 사회(deschooled society), 곧 공생하는 사회(convivial society)를 제창하였고, 학교교육(schooling)의 탈학교화(deschooling)는 그 전략적인 수단이었다. 학교화된 사회를 탈학교화하는 전략을 통해 일리치는 학교비판의 틀을 벗어나 학습 네트워크라는 근대학교의 틀을 넘어선 교육제도의 비전을 준비했다고 해도 좋을 것이다. 일리치는 『탈학교 사회』의 집필 의도로 "사람들이 가치의 제도화를 믿고 나아가면 반드시 물질적인 환경오염, 사회의 양극화 및 사람들의 심리적 불능을 가져온다는 것을 제시하려고 하였다"라고 밝히고 있다. 그는 교육, 의료, 복지, 심리치료 등의 여러 제도가 가난한 사람들의 욕구를 상품의 수요로 변모시켜 제도로부터의 서비스로 바꾸어버리고 말 것이라는 사회를 향한 경고를 담아 이 책을 집필하였다. 학교화된 사회라는 것은 지금까지 잘 살고 있던 사람들을 근대화된 빈곤으로 전락시키고, 배우고 성장하는 사람들의 지혜를 학교제도가 관리하고, 인생의 건강과 죽음을 병원제도가 관리하고, 서로 돕는 공생의 능력을 복지제도가 무능화시키고 나아가서는 사람들의 정치능력까지도 무능화시키는 사회를 의미한다.

이토식의 그냥 내버려두기 육아는 아이와의 삶을 재미있어 하는 놀이 감각으로서의 아이 키우기이고, 발달이라는 위압적인 느낌이 드는 테마를 뛰어넘는 여유로 우리를 안내한다. 그러나 그 여정을 저지하는 것이 학교라는 것을 다름 아닌 이토의 문장 속에서 찾을 수밖에 없었다.

생명의 변화에 대한 시점

발달이라는 개념이 언뜻 보기에 해방으로 향하고 있는 것처럼 위장하면서 실은 아이와 어른의 관계에 긴장과 숨막힘을 가져왔다는 것을 내 나름의 논리에 기초해서 펼쳐봤다. 야마시타가 '억압의 인간학'이라고 지적한 '발달학'을 우리는 어떻게 재고하고 다시 그려낼 수 있을까?

발달이라는 것은 바람직한 변화 방식을 의미하고 있는 가치개념이다. 그런데 누구에게 있어 바람직한 것일까? 그것은 아이, 청소년을 국가, 사회의 자원으로 정의하는 시점에 의해서일 뿐이고, 반드시 아이, 청소년의 입장에서의 가치관이라고는 말할 수 없다.

발달과제라는 것은 개인이 정상적인 발달을 성취하는 데 있어 각각의 발달단계에서 달성하는 것이 기대되는 과제라고 알려져 있지만 여기서 정상을 결정하는 것은 전문가이고, 달성을 기대하는 것은 지배하는 측이다. 따라서 당사자가 "나는 이대로 좋습니다. 제발 신경 쓰지 마세요."라고 말해도 그게 통용되지 않는 구도이다.

〈표 2〉를 보더라도 발달과제라는 것이 얼마만큼 외부로부터 아이·청소년을 강하게 특정한 틀(구도) 속에 집어넣는가를 금방 알 수

있다.

〈표 2〉 발달과제를 논한 하비거스트(R. J. Harvigust)가 제시한 항목

학령기	1. 보통의 놀이를 하는 데 필요한 신체적 기능을 학습하는 것 2. 계속 발달하는 개인의 인격으로서 자기에 대한 적극적인 태도를 만드는 것 3. 유효한 사회적 상호 간섭을 위한 기능을 학습하는 것 4. 읽기, 쓰기, 수학의 기본적 기능의 학습 5. 적절한 성역할을 학습하는 것 6. 일상생활에 필요한 개념(시간, 공간, 수, 형태, 색, 사회적 역할 등)을 발달시키는 것 7. 양심, 도덕 및 가치기준을 발달시키는 것 8. 개인적(한 사람의 인간으로서) 독립이 가능할 수 있도록 발달을 도모하는 것
청년기	1. 동성, 이성의 같은 또래와 새롭고 보다 성숙한 관계를 가질 수 있도록 되는 것 2. 남성 혹은 여성으로서의 사회적 역할의 달성 3. 자기의 신체적 조건을 현실적으로 수용하고 유효하게 사용하는 것 4. 부모와 다른 성인으로부터의 정서적 독립의 달성 5. 경제적 자립의 보증 확립 6. 직업선택 및 준비 7. 결혼과 가족생활에 대한 준비 8. 시민으로서의 자격에 필요한 지적인 제기능, 제 개념을 발달시키는 것 9. 사회적으로 책임 있는 행동을 기꺼이 추구하고 끝까지 해내는 것 10. 행동 지침으로서 일련의 가치와 논리적 체계를 익히는 것

사람의 일생이 끊임없는 변화에 의해 이루어진다는 것은 부정할 수 없는 사실이다. 그러나 그 변화는 발달개념이 우선순위로 두고 있는 증대, 증진, 진보라는 일방향만을 의미하지 않는다. 생명체는 생명이 시작되고 나서 죽음에 이르기까지 태양이 시시각각 움직이는 것과 마찬가지로 천천히 변화를 거듭한다. 그것은 동물이나 식물에게도 똑같으며 살아 있는 생명체가 움직이는 법칙이기도 하다. 수태로부터 죽음에 이르는 세월 속에 증대와 증식도 있고, 축소, 감퇴도 있으며 그런 과정을 거치면서 생명은 정지로 향한다. 우리는 이러한 생명 덩어리를 전체로서 보면서 그 움직임을 발달이 아니라 생의 변화로 새롭게 보고, 어느 시기에도 생명을 둘도 없는 것으로 정의하는 가치의 반전을 이루지 않으면 안 된다.

그것은 발달=선이라는 감각이 깊게 뿌리 내린 현대사회에서 도전이라고 할 수 있을 만큼 큰 과제이지만, 그러한 시점의 전환 없이는 어떤 생명이든 둘도 없는 것이고 상하관계로 재단할 수 없다는 새로운 관점을 개척하는 것은 불가능하다. 물론 젊음에 대한 동경과 집착, 늙는 것에 대한 경시와 죽음에 대한 거부를 상대화하고 극복하는 것도 이 과제 속에 포함되어 있다.

발달을 강요당하는 자에서 스스로 살아가는 자로

어떠한 생명도 어느 시기에든 똑같이 평등하다는 감성, 사상을 우리가 목표로 할 때 발달 개념은 그것을 저지하고 혹은 왜곡하는 것으로 존재한다는 것을 반복해서 말했다. 즉 '발달' 개념은 생명의 평등을 말하는데 사실은 겉으로 보기에만 아름다운 이야기일 뿐이다. 실제로 그 개념은 '상하(上下)', '경중(輕重)'을 생각하지 않으면 안 된다는 '차별긍정론'을 학문적 · 과학적 스타일로 그것도 마치 차별과는 관계가 없을 것 같은 객관적 · 중립적 입장으로 위장하면서 지탱하는 역할을 담당하고 있다.

그 역할은 많은 학문이 겉으로 드러내서는 많은 사람들의 지탄을 받을 게 불 보듯 뻔한 인간을 억압하는 사상과 국가정책을 전문성의 미명 하에 교묘하게 감추고 오히려 그것을 지지하는 역할을 담당하는 것과 일맥상통한다.

그 도식 속에서 아이가 커가는 것의 기쁨, 귀여움과 재미, 병과 죽음의 깊이가 발달 가능성, 바람직한 발달 등의 틀 속에서 변화의 방향성을 규정하는 과제로 수탈당하고 꼭 그렇게 되어야만 하는 것으로 변모해버린 것이다.

일생의 변화는 매력적인 현실인데 그 현실의 어느 국면이든 받아들이고 제대로 음미하기 위해서는 생명을 값매김하려는 생각을 씻어버리는 작업이 필수불가결하다.

그러나 이 생각은 다방면에서 우리 안에 침투되어 있으며, 사람 존재의 더할 나위 없이 소중함이라는 감각 · 사상을 갉아 먹으려고 한다. 그런데 한편으로 이 지점에서 우리는 거기에서 빠져나갈 수 있는 가능성도 동시에 갖고 있다. 왜냐하면 사람은 누구라도 병들고, 늙고, 발달 · 생애성의 척도에서 하위에 놓이는 것과 다행히도 관계를 맺지 않을 수 없기 때문에 차별받는 자에 대한 상상력을 다소나

마 계속 가질 수 있다.

그러나 발달심리학 또한 만만치 않다. 고령화 사회로의 이행과 함께 발달심리학은 아이·청소년뿐만 아니라 사람의 전 생애를 대상으로 사람의 발달을 그리게 되었다. 예전부터 그러한 시점은 있었지만 최근의 사회변동에 맞추어 한층 그 시점을 확대하기에 이르렀다.

예를 들면 그 영역은 '생애발달학'(R. M. Runer)으로 불리기 시작했다. '평생학습·평생교육'이라는 말과 함께 '생애발달학'이 보급되고 '현명하게 나이 먹는 방식'이나 '바람직한 죽음'을 설파하기 시작하였다. 이때 어른은 아이를 발달시키려고 하는 측의 입장에서, 발달을 강요당하고 억압당하는 당사자가 된다. 할당된 목표를 향해 발달을 강요당하고 살아갈 수밖에 없는 존재에서 있는 그대로의 모습을 서로 받아들여주면서 능동적으로 살아가는 존재로 어른과 아이가 함께 싸워나가는 것이 가능한지 아닌지 그것이야말로 지금 우리가 진지하게 던져야 할 물음이다.

2장

학습이라는 이름의 상실

학교에서 '이상한 것'을 배웠어요!

이제는 30을 넘은 둘째아들이 초등학교 4학년 무렵이던 저녁 식탁에서 다음과 같은 대화를 나눈 적이 있다.

둘째아이: 오늘 사회과 시간에 이상한 것 배웠어! 최근엔 농가도 비닐하우스 재배 기술이 발달해서 겨울에도 딸기를 만들 수 있게 되었대. 근데 엄마는 언제나 겨울에 딸기를 먹는 것은 이상한 거니까 햇볕을 담뿍 받은 귤을 먹으라고 말하고 나도 그렇게 생각하는데 교과서에는 그것과는 반대되는 내용이 마치 좋은 것처럼 쓰여 있었어!

나: 학교와 교과서에서 배우는 것은 '세상이 지금 이렇게 되고 있어요.'라는 내용이야. 그것을 제대로 아는 것은 그 나름대로 중요해! 겨울에도 딸기를 먹게 된 것을 '좋은 것'으로 이야기하는 것도 그 때문인 거지. 그런데 자기 자신이 정말로 그것이 좋은 건지 아니면 이상하다고 생각하는지, 스스로 어떻게 생각하

는가? 바로 거기서부터가 사실은 중요한 공부라고 생각해.

첫째아이(중학교 1학년): 사회과와 국어는 특히 그렇지. 수학은 정해진 사실을 가르치니까 좀 달라도 말이지.

나: 아니야, 수학도 똑같아! 지금 네가 배우고 있는 2진법 같은 것, 컴퓨터가 보급되고 있는 것과 관계가 있거든. 엄마가 중학생이었을 때에는 그런 것은 배우지도 않았어.[1]

첫째아이: 아, 그래요?

| 읽을거리 |

"현대의 아동 심리학이 추구해야 할 과제는 다름 아닌 '영원한 아이(Eternal Child)'가 아니라 '역사적인 아이(Historical Child)', 혹은 괴테의 시를 빌려서 말해 보면 '순간순간을 사는 아이(Transitory Child)'를 밝히는 것이다……. 집짓는 이는 거들떠보지도 않았던 돌을 소중하게 생각하지 않으면 안 된다. 그 집짓는 이가 버린 돌은 집 모퉁이의 머릿돌이 될 것이다."(『사고와 언어』, Выготский, 뮤실레니에 이 패취)

국내의 비고츠키 관련 문헌에서 거의 찾아볼 수 없는 비고츠키의 '역사적인 아이'를 심리학의 탐구대상으로 삼아야 한다는 아이디어는 오자와 선생이 자신의 첫째아이에게 말했던 것처럼 수학같이 겉으로 보기에는 보편적이고 가치중립적으로 보이는 교과조차도 시대의 흐름 혹은 국가가 추구하는 이데올로기로부터 결코 자유로울 수 없다는 가치지향적인 교과라는 사실을 잘 뒷받침해주고 있다. 즉 우리 아이들은 시대와 국가라는 바깥이 요구하는 특정한 수학을 익히는 것으로부터 결코 자유로울 수 없는 '역사적인 아이들'이다.

'역사적인 아이'를 강조하는 비고츠키의 관점은 문자 그대로의 아이들뿐만 아니라 이 시대를 살아가는 연구자들에게도 그대로 적용 가능한 것이다. 예컨대 비고츠키의 이론을 인용하면서도 비고츠키가 경계했던 '심리학의 위기'를 되풀이 하는 비고츠키와 관련된 많은 역설적인 글들이 '왜'와 '무엇' 대신에 근대의 산물인 보편성을 토대로 한 '어떻게'와 효율성과 스피드를 지나칠 정도로 강조하는 시대의 흐름으로부터 결코 자유로울 수 없다는 사실을 생각한다면 '역사적인 아이'의 의미가 좀 더 명확해질 것이다. 즉 아무리 그들이 비고츠키와 관련된 글쓰기에서 인간 행위의 '대지'인 역사와 상황을 등한시하고 나아가 의도적이든 무의식적이든 인간 행위의 역사와 그 행위가 일어나는 상황을 무시하고 객관성과 보편성만을 추구한다고 하더라도 그 연구자들 또한 특정한 가치를 지향(예컨대 효율성과 스피드 그리고 객관성)하는 현실이라는 대지에 발을 굳건히 딛고 있는 '역사적인 아이'라는 사실로부터 결코 자유로울 수 없는 노릇이다.

벌써 오랜 시간이 흐른 옛날이야기지만 이 대화를 나는 당시 친구들과 함께했던 주민운동 잡지에 실었다. 그 내용은 다음과 같다.

배움에는 두 가지 측면이 있다. 아들 중 한 명이 다음과 같이 말한 적이 있다.

"나는 공부가 싫다고는 생각하지 않는데, 학교 공부는 싫어."

배우는 것, 아는 것을 싫어하는 아이는 없다. 아이라는 존재는 "왜?" "무엇 때문에?"라고 묻는 생명체이다. 그러나 학교 공부만이 배우는 것이라고 당연하게 강요받아온 아이들에게 있어서 지금 그것은 '勉强'(벵쿄: '공부'의 일본어) 문자 그대로 강제적으로 무리하게 힘써야 하는 고행과 인내의 대상이 되어버렸다. 그리고 교육심리학은 가르치는 내용 자체를 깊이 있게 다루지 않고 어떻게 제대로 잘 가르칠까, 어떻게 아이에게 의욕을 가지도록 할까 하는 데만 초점을 맞추어 왔다.

학교 공부라는 것은 도대체 어떤 것일까? 거기에 초점을 맞추어 이야기를 전개해 보기로 하자.

진실은 하나밖에 없는 것일까?

"학교 공부 잘 알겠니?" "응, 잘 알아." 이 같은 대화가 부모-아이 사이에 종종 이루어진다. 안다는 것은 좋은 것, 알면 안심이라는 통념은 정말 의심할 여지가 없는 것으로 사람들 사이에 침투되어 있다. 특히 가르치는 입장에 있는 교사들은 더욱 그렇다. 아는 것의 즐거움, 생생하게 배우고 즐겁게 알게 하기 위해서, 알았다고 외치는 아이의 눈동자의 빛남 등과 같이 자기만족적으로 자신의 말에 취하는 분위기를 전하는 사람들과 만나는 일도 적지 않다.

그런데 아이들에게 알게끔 하는 것을 지상과제로 생각하고 열렬히 그것을 실천하는 교사 한 사람 한 사람에게 안다고 하는 것은 무엇인가? 그리고 학교 공부를 안다고 하는 것은 도대체 무엇인가? 이러한 물음을 던지는 것이 망설여질 정도로 '안다는 것=선'이라는 믿음은 굳건하고 또한 뿌리 깊다.

'학습=배운다'는 것은 무엇인가라는 테마를 생각할 때 먼저 '안다는 것은 무엇인가?' 어떠한 행위(일)를 가리켜 안다고 말하는 것인가를 묻지 않으면 안 된다.

내 생각을 먼저 이야기하자면 학교 과제를 안다는 것은, 나를 둘러싸고 있는 세계에서 사상=현상의 어느 한 측면이 보이게 됨과 동시에 다른 측면이 보이지 않게 되며 알지 못하게 되는 것이다. 안다는 것이 선이라는 것은, 따라서 우리를 어떤 의미에서 기만하는 주문이고 그 주문에 취하게 하는 것은 아닐까?

배우는 것, 안다는 것은 두 개의 얼굴이 있다고 앞에 썼다,

〈그림 1〉을 보면서 이것을 생각해 보자. 이것은 잘 알려져 있는 뮐러리어(Muller-Lyer)의 도형이다.

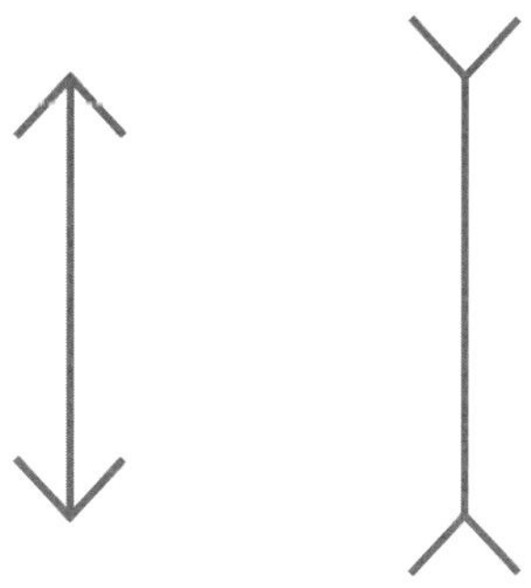

〈그림 1〉 뮐러리어의 착시도형

이 그림은 '착시'라는 지각현상을 보여주는 일례이다. 두 개의 도형이 사실은 주축 길이가 같지만, 화살 깃을 어떻게 그려 넣느냐에 따라 오른쪽에 있는 그림은 길게, 왼쪽에 있는 그림은 짧게 보이는 것이다. 여기서 중요한 것은 무엇이 진실이냐 하는 것이다. 진실은

"축의 길이가 같은데 착시현상을 일으켜서 다르게 보인다."인지, 아니면 "사실은 달리 보이는 도형인데 자에 눈속임을 당해서 축의 길이가 똑같아 보인다."인지. 답은 물론 전자가 된다.

어른들은 아이들에게 "자로 한번 재보렴. 실은 길이가 똑같아! 이제 알았지."라고 가르칠 것이다. 즉 '자'라는 '객관적'인 도구를 절대적인 것으로서, 우리 몸이 포착하는 보이는 방식을 잘못된 것, 속임수를 당하는 것으로 취급한다.

그것은 객관적인 과학의 잣대를 가지고 현상과 세상을 보는 방식을 '위'에 두고, 육체적・감각적으로 그러한 것들을 보는 방식을 '밑'에 두는 것으로 세상을 보는 두 가지 모습에 상하관계를 매기는 것이다.

그런데 여기서 아이들의 다양한 반응을 만나게 된다. 어떤 아이는 "아, 알았다. 그래서 '자'가 중요한 거구나."라며 '자'에 곧바로 관심을 갖고 눈금이라는 장치를 이해한다. '자'라는 사회・역사적 인공물(artifact)을 매개로 세상을 보고 사고하는 것을 곧바로 체득한다. 이러한 유형의 아이는 반드시 학교 공부를 잘하게 되어 있다. 따라서 점수를 잘 받고 성적이 좋은 아이가 된다.

또 다른 아이는 "하지만 그래도 역시 다르게 보인다."라며 자신의 보는 방식에 관심을 갖고 거기에 애착을 갖는다. '자'를 통해 세상을 본다는 것은 알겠지만 그에게는 별로 재미있는 일이 아닌 것 같다. 그것보다 "이 두 개는 다르다."고 자신의 눈이 가르쳐준 것을 버리려 하지 않는다. 이러한 유형의 아이는 학교에서 "이해력이 떨어진다"거나 "성적이 나쁘다"는 이야기를 자주 듣는다.

세상을 보는 이와 같은 두 가지 방식은 사실은 어느 쪽이든 똑같이 '진실'이다. 그러나 이 두 가지 진실을 평면상에 나란히 놓지 않고, 한쪽을 진실로 그리고 나머지 한쪽을 거짓으로 나누어 상하관계를 매기면서부터 근대라고 하는 시대의 배움의 억압이 시작되었다. 다시 말하면, 여기서부터 인간의 숨쉬기 어렵게 사는 방식이 시작되었다고 해도 좋을 것이다. 하나를 안다는 것은 다른 하나를 알지 못하게 된다는 말은 이 같은 사실과 관계가 있다.

여러 가지 진실이 있다. 그리고 아는 방식도 여러 가지 길이 있다. 그러나 그것을 깨닫는 여정은 결코 쉽지 않고 멀기만 하다. 왜 그런 것일까?

안다는 것은 버리는 것

학교가 아이들에게 요구하는 배움의 질은 어떤 것인가, 안다는 것은 무엇을 가리키는 것일까? 학교교육에 깊은 관련을 맺고 있는 피아제(J. Piaget)의 심리학에 기초해서 좀 더 깊이 생각해 보자. 〈그림 2〉에는 사물의 변형 내용과 그 이해에 관한 소재가 제시되어 있다. 어린 아이들은 점토의 겉모습이 바뀌어도 그 양이 일정하다는 하나의 법칙(정확한 법칙)을 좀처럼 납득하지 못한다. 점토가 여러 가지 모양이 되고, 그 변형이 가져오는 재미와 즐거운 기분에 쉽게 빠져들기 때문이다.

아이에게 있어서는 '지금 · 여기'에 사는 체험이야말로 중요하다.

그러나 학교가 요구하는 배움의 성격은 '지금·여기'의 개별체험으로부터 아이를 분리시키는 것을 목표로 하고 있다. 신체적·개별적·구체적 세계를 가능한 한 빨리 벗어던지지 않으면 지금의 학교 공부를 따라갈 수 없다. 아이는 그 후에 어디로 가는 것일까?

그것은 기호적·추상적인 숫자와 문자의 세계이다. 내 몸으로 직접 느끼는 감각에서 메마른 사고로, 지면에서 공중으로 빠른 속도로 나아가지 않으면 안 된다. 아이들에게는 두 세계를 왕복하거나 자신의 몸이 납득하는지의 여부를 확인하면서 천천히 세계를 넓혀 나가는 것이 허용되지 않는다. 그러한 배움이 아이들의 생명력과 자기 자신이 인생의 주인공이라는 자부심을 빼앗는 것과 밀접하다고 말하면 과언일까?

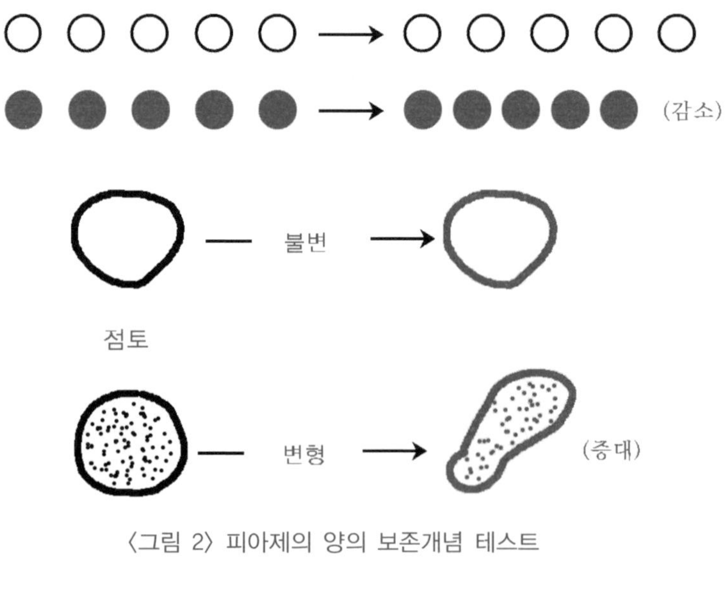

〈그림 2〉 피아제의 양의 보존개념 테스트

인간의 사고발달을 피아제는 〈그림 3〉과 같은 도식으로 제시하였다. '낮은' 곳에서 '높은' 곳으로 진보하는 것은 선이라는 전제가 계단모양을 한 그림을 만들어내었다. '낮은' 단계는 자기중심적인 단계라고 명명되고, '높은'쪽으로 향하는 사고형성을 '탈중심화 경향'이라고 부른다. 그 방향으로 향할 때 '지금·여기'의 체험에 묶이지 않고 사물의 '항상성' '보존성' '가역성' 등을 이해하고 또한 가설을 두고 추론하게 된다. 피아제는 이것을 '형식적 조작기'라고 부르며 발달의 최고단계에 두었다.

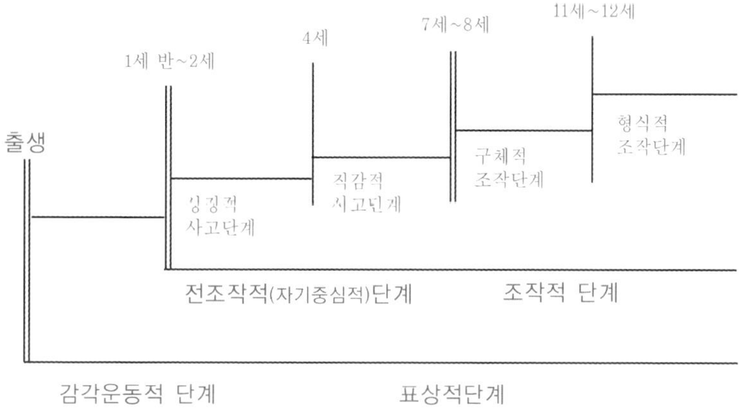

〈그림 3〉 피아제의 인간 발달단계 도식

이 관점은 〈그림 4〉에서 볼 수 있듯이 신체적인 사고를 낮은 곳에 두고, 합리적·논리적 사고를 고등한 것으로 그리고 '저'에서 '고'로 이행하는 것이 옳은 발달이며 계단을 오르는 것이 '안다는 것'이라는 눈을 우리에게 제시한다. 이것은 두말할 필요도 없이 근대과학의 초석이고 학교교육의 목표이기도 하다. 이처럼 피아제 이론은 학교교육에서 '배움'의 알맹이가 무엇이 되어야 할지를 결정하는 데 중요한 역할을 담당하고 있다.

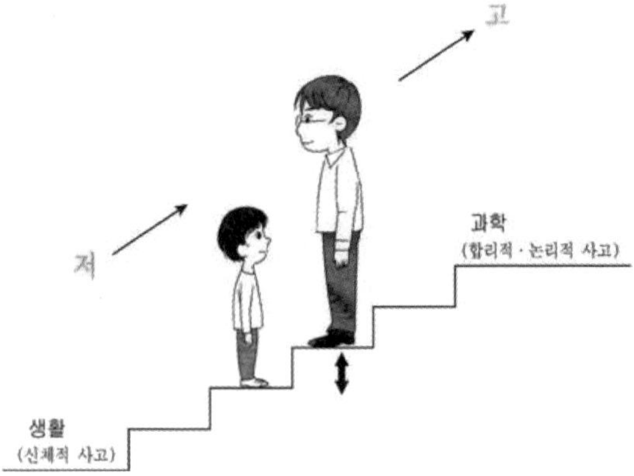

〈그림 4〉 발달의 계단식 모델*

계단의 상승으로부터 평면 위에서의 왕복으로

그러나 그 단계를 거쳐온 우리 어른은 어떻게 되어 있는가? '신체성'과 '현실성'의 상실이 근대의 병이라고 일컬어지고 우리는 확실히 뭔가 부족하다는 느낌과 생명체로서 온전하지 못함을 느끼고 있다. 이런 때일수록 계단 위에서 밑으로 내려오는 배움에 도전하면서 알았다는 체험을 역으로 찾을 필요가 있지 않을까? 생각할 필요도 없이 인간은 논리와 수 개념만으로 사는 것이 아니다. 똑같은 양의 야채라 하더라도 어떻게 자르냐에 따라 먹는 느낌이 다르다. 똑같은 두께의 스웨터라고 해도 색깔에 따라서 기분이 달라진다. '지금 · 여

---

* 〈그림 4〉, 〈그림 5〉는 원저에는 없는 내용이지만 독자들의 이해를 돕기 위해 역자가 그려넣은 것이다.

기'의 세계는 실은 삶의 중심이다. 학교교육이 구하는 배움은 사람의 배움이 현실이라는 대지 위에서 성립한다는 감각으로부터 멀어지게 된 원인이 되었다.

구체적인 세계를 숫자 등의 기호로 표시하고, 그리하여 추상적인 세계를 배우는 것도 확실히 우리 세계를 넓힐 수 있고 효율성도 있다. 기호는 편리한 도구이다.

그러나 기호는 언제나 그것을 지탱하는 구체적인 세계와 교류하지 않으면 바싹 마른 불모의 세계를 만들어내는 것에 그치고 만다. 그렇기 때문에 나는 피아제가 제시한 발달단계의 도식에서 벗어나 〈그림 5〉와 같이 평면 위에 있는 두 가지 방향으로 새롭게 그리고

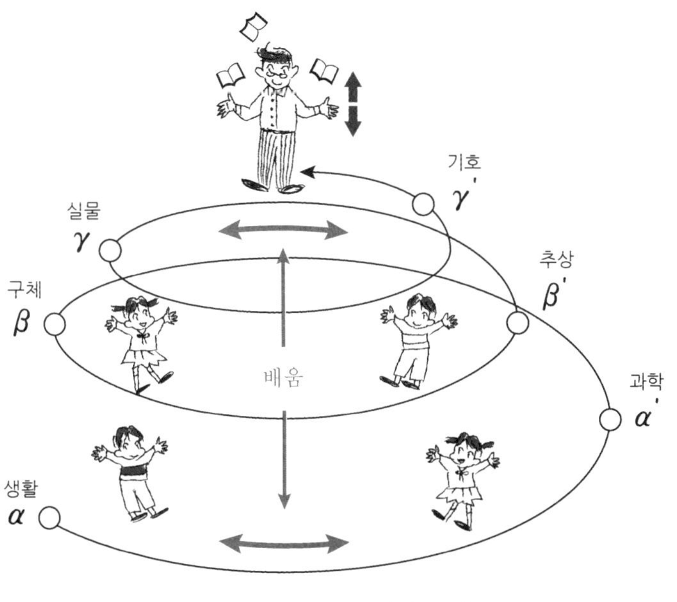

〈그림 5〉 발달의 평면 모델

거기서 배움의 의미를 깊게 새로이 물어야 할 시기에 온 것이 아닌가 하는 물음을 던지고 싶다.

의욕을 만드는 심리학

지금까지 인간에게 필요하다고 생각하는 배움의 자세, 즉 근대적인 지(知)의 모습은 기호조작 능력을 올리는 데 중심목표가 있다. 그런데 그것이 역으로 인간에게 폐쇄감을 가져왔다는 것을 검토해 보았다.

실물과 추상적인 기호 사이를 오가면서 시간이 들더라도 자연스럽게 양자를 연결해 가는 여유로움은 아이들에게 허용되지 않는다. 언제나 일방적으로 그리고 갑자기 문자나 기호로 나아가지 않으면 안 된다. 게다가 과제는 매우 빠른 속도로 난이도가 높아져 간다. 배우고 있다는 느낌 혹은 감각과 배운다는 것의 의미를 아이들은 찾아낼 수가 없다. 그러한 배움은 아이들에게 무척 억압적이어서 그것으로부터 기쁨을 느낄 것이라고 기대하기는 어렵다. 아이들이 아는 것의 감동에 충만하여 배움을 구하는, 자연스러운 배움의 방식이 파괴되고 있기 때문이다.

그러한 사태 속에서 심리학의 새로운 학설이 등장하였다. 인간에게 배움의 의욕을 불러일으키는 심리학, 이른바 '동기심리학'이다.

문명의 고도화가 급속히 진행되고, 배움은 인간의 신체성과 생활성을 버림으로써 성립한다는 위태로운 사태가 일어나고 있다. 게다가 배움의 목표와 내용을 바꾸지 않은 채로 유아가 즐겁게 기호학습을 할 수 있는 기법까지 계속 개발되고 있다.

"결코 억압을 느끼지 않게 하고 자발적인 의욕을 갖고 어려운 것이라도 즐겁게 배우게끔 할 수 있다."라고 동기심리학은 말한다. 이 관점은 '내발적 동기이론'이라고 불린다. 즉 내면에서부터 동기가 발생하는 것을 목표로 하는 입장이다. 한편 아이에게 상벌을 주거나 경쟁을 시켜서 동기를 갖게 하는 눈에 보이는 방법을 '외재적 동기'라고 부른다. 이 관점은 내발적 동기의 입장에서는 시대착오적인 발상이며 억압적인 것으로 평가받고 있다.

내발적 동기에 대한 구체적인 예를 하나 들어보자. 무어(O. K. Moore)라는 심리학자가 고안한 '토킹 타이프라이터(talking typewriter)'라는 문자학습 장치가 있다. 이것은 전동식 타이프라이터와 텔레비전이 세트가 된 기계로 이른바 말을 하는 타이프라이터이다. 이 기계를 작은 방에 두고, 아이에게 자유로이 만지게 한다. 지시와 금지는 일절 제공하지 않는다. 아이는 호기심 가득한 생명체이니까 곧바로 이 장치를 만지기 시작한다. 예를 들면 타이프라이터의 'B'키를 누르면 글자가 화면에 나오고 동시에 '삐'라는 소리가 난다. 아이는 그것을 재미있어 하면서 이것저것 시도해 본다. 그러나 아이는 금방 싫증을 낸다. 타이프를 두드리는 횟수가 줄어들면 학습의 제2단계가 시작된다. 갑자기 화면에 문자가 나오고 계속해서 그 문자의 발음이 들린다. 동시에 이 화면에 나온 문자를 제외하고 모든 키가 움직이지 않게 된다. 아이는 '뭐야?'라고 생각한다. 그리고 움직이는 키를 찾는다. 찾아내면 그 문자가 없어지고 다른 문자가 화면에 나온다.

이 단계에서 아이의 활동이 저하되면 다음 단계로 프로그램이 진행된다. 이렇게 해서 아이는 다시 열중하게 되고, 화면의 문자와 대응하는 키를 찾으면서 재미있어 하는 동안 자연스럽게 문자와 단어를 학습한다. "이렇게 해서 아이는 누군가로부터 무엇을 가르침 받고 있다는 특별한 의식 없이 그냥 토킹 타이프라이터와 게임을 하면서 문자를 학습한다. 2년 7개월 된 한 아이는 2개월 만에 알파벳을 전부 외웠다고 한다. 3세부터 이 학습을 시작한 4세 아이가 자기 생각대로 문장을 쓰고, 유창하게 책을 읽고 즐기는 광경은 드물지 않다."고 저자는 말하고 있다.

배움을 찾는 아이들

즐겁게 배울 수 있는 것은 배움을 강요당하는 것보다 확실히 좋은 일이다. 게다가 그냥 내버려두는데도, 문자기호에 흥미를 갖지 않는 유아가 저항감 없이 그리고 자발적이며 효율적으로 그것을 배운다는 것은 언뜻 보기에 훌륭하다.

그러나 자발적으로 가졌다고 생각하는 그 의욕이 실은 보이지 않는 타자에 의해서 준비되고 있다는 그 구도를 우리는 환영할 수 있을까? "자기 것으로 믿고 있었던 의욕이 실은 은연중에 만들어지고, 외부의 조작에 의해 갖게끔 되었다면 그리고 자신의 욕구와 의지와 기쁨조차도 모르는 곳에서 조작되고 있다."라고 한다면? 사람의 주체성이라는 것은 과연 무엇일까?

심리학은 과연 배움에 해방을 가져온 것일까?

대학 강의실에서 만난 학생이 이렇게 말한 적이 있다.

> "대학에 오기까지 오랫동안 너무 많은 가르침을 받아서 오로지 그것을 삼키는 데 전력을 다 해왔습니다. 그럴 수밖에 없었기 때문입니다. 그런데 이제는 그게 싫습니다. 지금부터는 내 눈으로 보고, 스스로 발견하고 다른 사람과 토론하면서 자신의 머리로 생각하는 배움을 갖고 싶어요. 그런데 실은 지금 나 자신의 것을 발견할 수 있는 힘이 내게서부터 빠져나갔다는 무력감 때문에 어떻게 해야 할지 고민 중입니다."

배운다는 것은 원래 타인으로부터 가르침을 받는 것이 아니라 스스로 찾는 것이다. 배워서 시도해보고, 스스로 할 수 있게 되는 것이다. 자기가 인생의 주인공이라는 것은 이런 것이다. 아이에게서 우리는 그 원형을 본다. 아이들은 알고 싶어 하고, 만지고 싶어 하고, 해보고 싶어 한다. '뭔데', '왜', '보여줘', '하게 해줘' 그러한 것이 배움의 원점이다.

하라 히로코(原ひろ子)는 『아이의 문화인류학』에서 다음과 같이 말한다.

> "헤어 인디언 문화에는 '가르침을 받는다'거나 '누구누구로부터 가르침을 받는다'는 입장이 없고, 스스로 관찰하고 해보고 수정하는 것을 통해서 '~을 배운다'라는 것만 있다."

한편 현대의 아이들에게는 역으로 외부로부터 가르침을 받는다는 것밖에 남지 않게 되었다. 그것은 자신의 존재감을 희미하게 하는 것이다. 앞의 학생의 말은 가르침을 받는 것만을 경험해온 사람의 당황스러움과 공허함을 잘 보여주는 것이라고 생각한다.

아이의 생활 속에서 배움이 사라지고, 가르치는 것을 익히고 외우는 것만이 비대해졌다. 아이에게 그것을 강제하는 것은 학교이다. 지금 학교에는 이 시대의 모순이 집약되어 있다. 이것은 근대의 모순이 특히 아이와 젊은 사람들에게 나쁜 의미에서 파급되고 있다는 것을 의미한다.

아이와 젊은 사람들은 시대가 바뀌어 가는 분위기를 가장 민감하게 신체로 느끼고 있는 것처럼 보인다. 학교는 근대의 모순으로부터 빠져나가려고 애쓰는 아이들과 그들에게 이 시대의 학생으로서의 신분을 강제하면서 학교를 보존하고 그들을 거기에 묶어두려고 애쓰는 어른들이 다투는 장소가 되어버린 것은 아닐까? 그 와중에 이러한 문제를 완전히 수습하라는 명을 받고 등장한 것이 교육심리학이라는 학문이라고 나는 생각한다.

학교에서 학습지도 내용이 갑자기 많아지고 난이도가 높아졌다. 일본이 한창 고도성장을 할 무렵, 학습내용을 어떻게든 잘 가르치는 기법을 제안하는 학문으로서 교육심리학은 기대를 받게 되고 학교교육과 관계를 맺기 시작하였다. 또한 학습효과를 측정하고 아이를 평가하는 방법을 개발하고 제공하였다. 그리고 일방적으로 할당되는 많은 과제에 아이들이 지쳐 떨어져 나가고 당연한 귀결로 의욕을 상실하자 앞에서 소개한 의욕을 만드는 심리학이 등장하였다. 학교가 침체되고 이곳저곳 터져서 메워야 할 구멍이 많아질수록 심리학이 그것을 해결해 줄 것이라는 환상은 비대해져 간다.

학습의욕은 두말할 필요도 없이 그 사람의 것이다. 각자의 몸을 가진 사람과 사람의 관계 속에서 의욕이 솟아오른다면 그건 나름 납득이 가지만 보이지 않는 힘이 심리학적인 기법으로 사람의 내면을 조작하는 것은 참을 수 없다. 그것은 아이에 대한 무례한 관리이다. 배우려는 의욕을 아이가 갖지 못한다면 그 사실을 진지하게 받아들여 많은 것을 채우려는 어른 측이 한 발짝 물러서지 않으면 안 된다. 어른들과 그들이 만든 교육심리학은 아이에 대한 끝없는 침략행위를 그만두어야만 한다.

아이들이 학교공부를 거부하는 현재, "어떻게 잘 가르칠까?"가 아니라 "무엇을 가르칠까?"로 물음을 바꾸지 않으면 안 된다. 문제는 가르치는 방법이 아니라 내용 그 자체이다. 이 점에 관해서는 「3장 지능과 학교교육」에서 자세히 논의하겠지만 교육내용의 억압성을 자각하는 것으로부터 시작하지 않으면 아무것도 바뀌지 않는다.

근대의 모순을 유연한 몸으로 받아들이면서 어른을 향해 경고 메시지를 계속 보내고 있는 아이들로부터 배워야 한다. 심리학적 기법으로 그들을 은연중에 굴복시키는 것은 배움을 둘러싸고 발생하는 아이들의 곤란과 혼란을 한층 더 깊게 할 뿐이다.

3장

지능과 학교교육

공교육의 의미

'학교'란 무엇인가? 그 물음에 대해 "학교는 공부를 하는 곳이다."라고 하는 것이 일반적인 '답'일 것이다. 그러나 매스미디어가 발달한 이 시대에 지식은 학교에서 얻는 것, 공부는 학교에서 하는 것이라고 생각하는 것은 너무 단순하다. 왜냐하면 지금처럼 독학하기 쉬운 시대가 이전에는 없었기 때문이다.

현대사회는 텔레비전, 라디오, 활자로 가득 차 있고, 도서관과 자료관 등 정보를 제공하는 시설도 갖추어져 있다. 그럼에도 불구하고 학교에 가지 않고 독학하는 사람은 그다지 많지 않고 등교거부자는 이단자로서 다루어진다.

학교교육의 위력은 지금 그것을 전혀 위력이라고 자각하지 못할 정도로 크다. 그렇게 생각해 보면 학교는 단순히 '공부하는 곳'에 멈추지 않고 '특정한 종류의 공부'[1]를 하는 곳이라고 말할 수 있지 않을까?

어떤 틀에 얽매이지 않고 자유롭게 말하자면 학교는 '공(公)'이 '사(私)'에게 어떤 특정한 지식의 체계를 제공하는 곳이다. 그 '특수성'을 '그것'이라고 느끼지 않고, 그 대신에 '당연한 것'이라든지, '평균적인 것'이라든지 '중립'과 같은 것으로 받아들이고 느끼게 만드는 것이 공이 사로 침투해 들어간다는 증거이다.

| 읽을거리 |

교실이라는 공간에서 무엇을 할 수 있게 된다는 것은 예컨대, 수학문제를 푸는 활동이 있으면 그것은 수학문제를 수식과 공식에 맞게 풀어내는 것 이상의 것을 의미한다. 이는 그 수학문제의 의미를 파악하고 '누구로서(학생으로서) 수학문제를 푸는 것'과 관련된다. 즉 수학문제라는 활동에 참가함으로써 학생으로서의 정체성을 형성하는 것은 말을 바꾸면 '교실인'이 되어가는 것과 관련된다. 여기서 무엇이 가능하게 되었다는 것은 참가형태의 변화(예컨대 초등학교 1학년 학생으로서 수학문제를 푸는 것이 불가능한 상태에서 1학년 학생으로서 같은 수학문제를 푸는 것이 가능하게 되는 것)와 어떤 포지션을 획득하게 되는, 즉 전인격적 문제(whole person issue)이다. 예컨대 우리는 초등학생 아이들에게 현실성이 없는 수학문제("6kg의 6학년 학생이 10명 있으면 전부 몇 kg일까요?")를 출제했을 때 아이들이 사칙연산을 적용해서 아무 저항감 없이 푸는 것을 쉽게 보게 된다. 이러한 예에서 알 수 있듯이 교실이라는 실천공동체의 참가자가 된다는 것은 '누구로서(교실인으로서) 문제를 풀어내느냐'와 관련된다.(『행위, 인지, 학습에 대한 대안적인 인식론으로서의 상황학습론』, 초등교육연구)

이렇게 해서 정보화시대의 학교는 다양한 정보를 정리해서 가르치는 곳도 아니고, 교육의 중립을 실천하는 곳도 아닌, 공이 사에게 제공하는 '특정한 교육'을 추진하는 곳이라고 할 수 있다. 거기에 공의 손에 의한 선별이 내재하게 되고 바람직한 지능의 양상도 규정된다.

공교육의 여정 속에서 성공하는 것은 올바른 지능을 몸에 익혔다는 증명을 얻는 것이다. 학교는 다름 아닌 '지능신화의 생산 공장'이라고 이름붙이는 것이 어울리는 곳이다. 그리고 공장 제품인 아이들이야말로 지능신화의 주인공으로서의 존재를 명받게 된다. 학교가 아이들에 대해서 커리큘럼이라는 형태를 통해 제공하는 '특정한 종류의 지(知)'의 모습은 어떠한 것일까? 그 모습을 찾아가는 여정 속에서 지금 사람들을 지배하고 있는 지능의 신화성이 밝혀지지 않을까?

지능을 키우기 위해서

"초등학교 저학년 때 수영교실에 보내 신체를 단련시켜주고 싶다. 야구를 하고 싶은 만큼 마음껏 하도록 해주고 싶다. 5, 6학년이 되면 놀고만 있을 수 없기 때문에."라는 엄마가 있었다. '관리화 사회'의 진행에 따라 최근 십수 년 동안 아이 사회의 관리화도 눈에 띄게 진행되었다. 들판과 골목길이 사라지고, 그 대신에 셔틀버스를 보유한 수영교실로 대표되는 스포츠 산업과 유니폼을 입고 순번등록제를 실시하는 야구장에서 행정후원의 소년야구대회에 나가는 것이 아이의 관리된 놀이 형태가 되었다. 놀이 공간이 관리된 것과 동시에 놀이 의식도 즐기기 위한 놀이, 더 이상 놀이를 위한 놀이로서 존재하지 않게 되고, 보다 좋은 발달을 위한 놀이로 변해가고 있다.

무엇을 위한 놀이인가? 거기에는 아이를 보다 잘 키우려는 의식이 깔려 있고, 경쟁을 헤쳐 나가기 위해서는 체력이 필요하다, 스포츠로 인내하는 힘을 기르면 공부도 열심히 할 수 있는 힘이 생긴다, 몸을 움직이면 공부도 그만큼 잘 된다 등과 같이 놀이와 운동이 공부에 종속되어가고 있다. 보통 사람이 하는 것처럼 혹은 보통 사람이 하는 것 이상으로 해내기 위해서 운동이 필요하다는 의식은 정도의 차이는 있다고 하더라도 부모들의 마음을 사로잡기 쉽다.

설령 운동이 공부에 종속되지 않는 경우라도 거기에는 곧바로 선수를 양성한다는 다른 목적이 자리를 비집고 들어온다. 그리고 공부와 양립시킬까? 오로지 스포츠만을 시킬까? 하는 상황으로 몰고 가버린다. 목적 없이 놀이 그 자체를 위한 놀이, 운동을 즐기기 위해서 운동을 한다는 생각은 아이들에게 허용되지 않는다.

"무엇을 하는 것이 가장 좋니?"
"내가 제일 하고 싶은 것은 아무것도 안 하고 있는 것이지 뭐"
"아무것도 안 하고 있다니 어떤 것을 말하는 거지?"
"단지 그냥 어슬렁어슬렁 걸으면서 들리지 않는 것을 듣는다든지, 아무것도 걱정하지 않고 있는 거지."(『곰돌이 푸』 중에서)

그런데 이런 시간은 안타깝게도 지금의 아이들에게는 허용되지 않는다. 아이의 놀이와 운동은 공부를 위한 윤활유로 값어치가 매겨진다.

"노는 것도 필요하지!"라고 부모들이 말할 때, 공부를 제대로 해 나가기 위한 힘을 기르기 위해서라는 전제가 깔려 있다.

지능을 신장시키는 완구를 제공하는 것이 유아를 위한 부모들의 관심사라면, 지능을 신장시키기 위한 의욕과 체력을 길러주는 것이 학령기 아이들을 위한 부모들의 과제이다.

생활의 쇠퇴

놀이뿐만이 아니라 집안일 돕기도 마찬가지다.

1960년대를 지날 무렵까지 농촌지역 초등학교 고학년 이상의 아이들은 지역에 따라 농번기 방학을 하였다. 어른들이 농사일로 바쁜 와중에 아이 돌보기와 차 나르기 등을 하며 농사일을 돕기 위해서였다. 거기에는 공부뿐만 아니라 가정과 지역사회에서의 역할까지 아이들에게 맡겨지는 '생활인'로서의 모습이 있었다. 농번기뿐만이 아니었다. 학교에서 돌아오면 잡초뽑기, 물 긷기 등 사소한 집안일들이 아이들을 기다리고 있었다. 당시에는 학교생활과 집에서의 삶의 비중이 현재보다 훨씬 균형 잡혀 있었다고 말해도 좋을 것이다. 그런데 지금은 아이의 세계를 공부가 다 뒤덮고 아이의 생활 비중은 완전히 학교생활에 치우쳐 있다.

어른 또한 그 구조를 지지하는 역할을 맡고 있다. 이렇게 해서 아이들의 중요한 삶 중의 하나였던 집안일 돕기 부분은 거의 사라졌다. 학교에서 집으로 돌아오면 가방 안의 내용물만 바꾸고 엄마가 제공한 간식을 입에 물고 학원으로 달려가는 아이의 생활에서 건강한 노동은 기대할 수 없게 되어버렸다.

확실히 '아이들에게 노동을'이라는 목소리는 높아지고 있다. 움직임이 적어진 아이들의 신체에 다양한 문제(휘어진 등뼈, 등근육의 저하, 평발, 내장질환)가 발생하고 있기 때문이다.

그러나 집안일 돕기는 이전과 다르게 학교공부에 종속되어버렸다. 교사와 평론가의 다음의 말이 그 증거가 된다. "집안일을 잘 도와주는 아이는 학교공부도 잘 합니다. 손을 사용하고, 신체를 사용해서 일하는 것은 지능도 신장시켜줍니다." 이와 같은 말이 유행하는 것은 그것이 엄마들에게 잘 먹혀들어가기 때문이다.

이와 같이 놀이나 운동이나 집안일 돕기까지 모두 학교공부와 지능지수의 개발을 위한 수단이 되어버렸다. 아기를 안아주지 않는 것이 지능을 높인다는 말을 듣고 가능한 한 아기를 계속해서 눕혀 놓는다는 엄마가 있었는데 이건 좀 극단적인 예이다. 그러나 부모들 사이에아이의 지능이 높아질 수 있다면 무엇이든지 하고 싶다는 심정이 만연되어 있다는 것은 부정하기 어려울 것이다.

'지능을 높이기 위해서' '성적을 올리기 위해서'라는 한 방향만을 향해 수탈당하고 메말라져 가는 아이의 삶과 아이의 지혜. 공교육이 아이에게 주입하려는 '어떤 특정한 지(知)'는 지능신화를 대변하는 부모들의 의식에 착 달라붙어 있고, 아이들 속에 순식간에 흡수되어버렸다. 그리고 학교는 아이의 서열화를 공인하는 사회적인 장으로서 공공연히 선별의 역할을 담당하고 있다.

1학년이 되는 자격–기호에의 굴복

초등학교 1학년이면 '가, 나, 다, 라……'와 '1, 2, 3……' 즉 문자와 숫자를 배우는 것이 대표적인 이미지로 떠오른다. 아이에게는 '아침' 또는 '하늘'을 읽거나 쓰는 과제가 주어진다. '눈이 부신 아침', '졸린 아침', '그림자가 긴 아침' 등 아이는 여러 가지 모습의 아침을 하나의 개념으로 정리해서 문자화하는 것을 배운다. 이것이 초등학교 입학을 위한 중요한 자격요건이 된다.

'비행기구름이 달리는 하늘', '석양에 물든 하늘', '창문에서 보이는 네모난 하늘', '비가 내리는 하늘', '연을 날릴 때의 넓은 하늘' 등 아이에게 있어서는 다양한 표정을 가진 하늘이 아닌 단지 '하늘'로 정리되는 것이다.

문자라는 기호와 자신이 알고 있는 다양한 사물을 융합시켜 나가는 작업은 어린아이에게 있어서 예삿일이 아닌 것은 틀림없다. 구체적인 사물과의 친숙한 관계를 통해서 '나의 엄마'라든지 '나의 개'를 생생하게 마음속에 품고 있는 아이일수록 그 곤란은 클 것이다.

그러나 학교교육의 기초 작업은 먼저 그러한 '개별성·구체성'을 제거하고 그 대신에 보편성·일반성으로 아이를 이끄는 것이다. 이 조작이 별 무리 없이 가능한지, 그렇지 않으면 어려움에 맞닥뜨리게 되는지는 개인차가 존재한다. 그 개인차는 어디까지나 다양한 개인차 중의 하나이다. 얼굴이 다르고, 신체가 다르고, 잘하고 못하는 분야가 있듯이, 문자와 숫자 등의 기호를 다루는 능력 역시 하나의 개인차이다.

어떤 아이는 '나의 어머니'로부터 '일반적인 어머니'로, '2마리의 고양이'로부터 '2'라는 숫자로 이러한 두 종류의 세상에 대한 관점 차이를 일상을 통해 메워가는 데 적잖은 시간이 걸린다. '구체'와 '추상', '상황'과 '개념', '사물'과 '기호' 사이를 오가면서 아이는 다양한 세상을 보는 관점을 자신의 것으로 만든다. '사물'에서 '기호'로 '개별'에서 '보편'으로 재빨리 뛰어넘는 아이들도 있고, 하나하나의 사물이 가진 고유성에 보다 깊게 마음을 빼앗기는 아이들도 있다. 그것은 아이들 저마다의 취향이다.

그러나 현재의 학교교육이 요구하는 것은 사물 그 자체로부터 기호로, 상황으로부터 개념으로 재빠르게 이행하는 능력이다. 이 방향 이동에 민감한 아이는 공교육 안에서 이득을 보는 아이이다. 그리고 문자와 숫자라는 기호에 익숙해지는 것이 학교교육의 가장 기본이 되는 이상, 이 조작에 익숙하지 못한 아이는 환영받지 못한다. 기호에 굴복하는 것이 적어도 취학을 위한 하나의 조건이다.

하니 스스무(羽仁進)는 현대 교육의 흐름을 따라가지 못했던 자신의 초등학생 시절을 돌아보면서 이렇게 말하고 있다.

"나는 예를 들면 '2 더하기 2는 4'라고 하는 간단한 셈조차도 납득하는 데 정말 시간이 많이 걸렸다. 선생님은 덧셈의 예로서 귤과 사과, 의자 등 움직이지 않는 것을 들었다. 나는 동물을 너무 좋아했기 때문에 '왜 동물을 예로 들면 안 되는 것일까?'라고 생각했다. 내 생각으로는 동물도 전혀 문제가 되지 않을 것 같은데……. 수학의 법칙은 모든 것에 적용해도 전혀 문제가 없을 것 같은데…. 그래서 나는 동물인 말을 예로 들어서 생각했다. 자주 말을 관찰한 적이 있었기 때문이다. 말은 신경질적인 경향이 있는 동물로 두 마리의 말이 있는 곳에 또 다른 두 마리의 말을 데리고 왔다고 해서 곧바로 네 마리가 되는 것은 아니다. 이전부터 서로 알고 있었던 네 마리라면 그대로 있다. 모르는 두 마리와 두 마리라면 서로 물거나 차거나 해서 결국에는 모두 우리를 박차고 나가 한 마리도 남지 않게 될 수도 있고, 뻔뻔한 한 마리만이 남는 경우도 있다. 즉 말의 경우를 보면 2 더하기 2는 4일 수도 있고 3일 수도, 2일 수도 있으며, 혹은 1이나 0일 수도 있다. 이러한 의문들을 선생님께서 받아들여 줄 것 같지 않아서, 혼자 그렇게 생각하고 있는 사이에 점점 앞으로 나아가는 수학에 종종 위화감을 느꼈다."(『2 더하기 2는 4가 아니다』, 筑摩書房)

여기에는 아이가 실제로 사물의 실태와 그것을 기호로 나타내고 조작하는 것과의 관계를 다룰 때의 곤란함이 잘 나타나 있다.

하니는 어릴 때 지체라는 말을 들었으며, "이 아이는 일반학급의 공부를 따라갈 수 없기 때문에 특수아동을 위한 학교에 넣는 것이 어떻습니까?"라는 말을 들은 적이 있었다. 그는 자신의 책에서 이 에피소드를 이야기하는데, 하니가 직면한 이와 같은 곤란은 실은 학교공부를 잘 못하는 많은 아이들이 공통으로 안고 있는 것이다.

그러나 현재의 학교교육은 결코 이것을 아이의 취향과 개성으로 보지 않는다. 그 대신에 머리가 나쁨, 이해력의 부족으로 취급해버린다. 그리고 역으로 사물 그 자체로부터 기호로 곧바로 이행하며, 기호를 쉽게 다룰 수 있는 아이가 우수한 아이로서 우대받는다. 그러한 아이들은 사물 그 자체가 가진 무게와 깊이를 쉽게 버릴 수 있다. 이렇게 해서 1학년이 되는 자격요건 중에 아이들이 학교교육 속에서 신장시켜야 하는 것으로 되어 있는 지능의 형태가 이미 제시되어 있는 것이다.

스푸트닉과 교실 사이에서

"저 아이는 수학을 잘 하니까 머리가 좋겠네."라는 이야기는 우리 주위에서 아주 쉽게 접할 수 있는 일상적인 대화이다. 사람이 갖고 있는 다양한 능력 중에서 수학 능력이 훌륭하다는 것은 특별한 의미를 갖고 있는 것 같다. 이 절에서는 현대사회에서 환영받는 '지능' 혹은 이득을 얻는 지능의 모습과 그 배경을 찾아보자.

먼저 초등학생의 학원 다니기 실태로부터 이야기를 시작해 보자. 초등학생의 학원 다니기가 문제가 된 지 많은 시간이 흘렀다. 고학년이 되면 학원에 다니지 않는 아이가 '비정상'으로 보일 정도로 아이들의 학원 다니기는 일반화되어 있다. 학원에 다니는 동기는 다양할 것이다. '성적을 올리기 위해서'부터 '모두 학원에 가버리면 놀 친구가 없기 때문에'까지.

그러나 대부분은 학교공부만으로는 따라갈 수 없고, 최근의 공부는 너무 어려워져서 부모가 가르쳐 줄 수도 없기 때문에 어쩔 수 없는 자기방어 수단으로서 '학원 다니기'가 선택된 것이다. 실제로 도쿄 교육당국의 조사에 따르면 '학교공부만으로는 잘 이해가 안 되서'라는 이유가 학원에 다니게 된 가장 주요한 동기라고 한다 (『아이백서 76』, 일본과 아이를 지키는 모임 편).

학교공부만으로 충분치 못하다는 이유로 많은 아이들이 방과 후에 학원을 다닌다는 사실은 공부내용이 너무 어렵고, 진도가 너무 빠르다는 사실을 뒷받침해주고 있다. 즉 학교에서 가르치는 내용의 수준이 너무 높고 양이 너무 많은 것이다.

여기서 1955년과 1970년의 초등학교 5학년 수학교과서를 비교해 보기로 하자. 〈표 3〉을 보면 1970년대의 공부가 얼마나 어려워졌는지 알 수 있다.

어쨌든 초등학교 6학년의 테스트 문제를 비교적 학력이 높은 부모들에게 풀게 해보니, 평균이 겨우 31점이었다(『도쿠시마신문』, 1974년). 이러한 현상을 보면 1970년대 당시 초등학교 아이들 공부

〈표 3〉 초등학교 5학년 하권 교과 내용 비교

1955년	다음 분수 중에서 $\frac{1}{2}$ 과 같은 것에는 ○ $\frac{2}{3}$ 와 같은 것에는 X $\frac{1}{5}$ 과 같은 것에는 △를 표시하세요 $\frac{4}{6}$, $\frac{2}{10}$, $\frac{3}{6}$, $\frac{3}{15}$, $\frac{4}{8}$, $\frac{6}{9}$	계산하세요 4 × 5 × □ = 120 20 × 30 × □ = 3600 □ × 6 × 4 = 528 □ × 15 × 12 = 1620
1970년	계산하세요 $1\frac{5}{6} \times 2$, $3\frac{2}{3} \times 5$ $1\frac{1}{2} \div 2$, $5\frac{3}{4} \div 6$ 뷰수로 나타내세요 0.02, 0.46, 1.35, 0.055	χ 의 값을 구하시오 8 × χ − 14 = 74 χ ÷ 3 × 5 = 35 (χ + 30) × 4 = 200 (χ − 25) ÷ 6 − 3

가 이전보다 얼마나 어려워졌는지를 실감할 수 있을 것이다.

교과내용은 1968년 무렵부터 특히 어려워졌는데, 특히 문제가 되는 것은 수학이다. 그것은 수학만을 가르치는 전문학원이 여기저기 생겨난 것으로부터도 잘 알 수 있다. 공문수학교실, 주산학원, 수학교육센터 같은 수학 관련 사설학원이 급증하였다. 왜 수학이 특히 어려워졌는가? 또한 왜 수학은 주요과목 중에서도 특히 중시되는가? 그리고 왜 수학을 잘 하는 아이는 머리가 좋다는 말들을 하는가?

일본이 수학 교육을 고도화시킨 것은 미국의 영향이 크다. 미국이 자연과학 교육의 수준을 높이자는 시대의 요청에 따르면서 그것이 일본에 도입된 것이다.

미국이 자연과학 교육의 수준을 높이게 된 계기는 1957년 소련이 세계에서 처음으로 인공위성 스푸트닉(Sputnik)을 쏘아 올린 데 있다. 인공위성 쏘아 올리기 경쟁에서 패배한 충격은 컸다. 그것은 소련과의 군사경쟁에서 졌다는 것을 의미하기 때문이다. 이것이 흔히 '스푸트닉 충격'으로 불리는 미국의 동요였다.

이 충격은 곧바로 미국의 교육계에 파급되었다. 1958년에는 전미과학아카데미가 이과·수학 교육관계 그룹과 심리학, 교육학 등 30여 명의 전문가를 소집해서 10일 간에 걸쳐 회의를 하였다. 거기서는 이과·수학교육의 현대화 진행과 티칭머신 등의 교육기술에 관한 과제, 교육의 효율화와 지적조기교육의 방법 등 어떻게 하면 아이들의 수준을 높일 수 있는가가 논의되었다. 이 회의의 좌장을 맡았던 심리학자 브루너(Jerome Bruner)는 회의보고 중 다음과 같이 진술하였다.

> "우리나라 교육제도 변화에 대한 요구가 사회 곳곳에서 일어나서, 가까운 장래에는 교육제도에 어떤 종류의 변화가 확실히 나타날 것 같다. 그 제일 처음은 과학과 기술 및 그러한 것들을 지탱하는 모든 과학을 가르치는 것에 대한 요구가 늘어날 것이라는 전망이다. (중략) 세계의 강국으로서 미국이 직면하지 않으면 안 되는 경쟁상 위기에 대처하기 위해서는 먼저 기술적 진보를 강력하게 추진하는 것이 필요하다. 또 하나는 연방원조를 점점 강화하는 것이다. 만약 그 변화에 어떻게 대처할 것인가를 사전에 잘 계획해 두지 않으면, 미국교육과 미국의 생활은 장래에 좋지 않은 결말을 가져오게 될 것 같다."(『교육의 과정』, 岩波書店)

공교육의 알맹이는 언제나 국가의 상황에 의해 결정된다. 특히 커리큘럼이라는 것은 이른바 국가의 얼굴과 같은 것이다. 따라서 교육의 중립이라는 말은 환상에 지나지 않는다. 미국의 이과·수학교육은 국가안전상의 위기 자각에 의해서 고도화의 길을 걷게 되었다. 나중에 일본에서도 논의를 불러일으킨 수학교육에서 집합의 학습이 미국에서 활발하게 다루어지게 된 것도 이 무렵이다. 그것이 일본 교육현장에 도입된 것은 1968년 무렵이었고, 이때부터 아이들의 학원 다니기가 점점 일반화되기 시작하였다.

'인공위성이 날면 아이들이 학원으로 달린다'라는 도식은 국가와 교육의 관계를 단적으로 잘 보여준다. 이렇게 해서 수학에 강하고 과학·기술을 발전시킬 가능성을 가진 아이들이 학교에서 우대받게 되었다. 그렇다면 지능이라고 불리는 것도 시대의 사상에 의해서 결정되는 것이 아닌가라는 생각도 자연스러운 일이 아닐까?

구조를 다루는 능력

일본 아이들이 학원으로 달리는 그림은 일본의 고도 경제성장의 그림과 중첩된다. '신칸센교육'[1] '주입식교육'이라고 불리는 학습지도 요령은 1968년, 초등학교에 등장한다. 예를 들면 한자 수는 초등학교 6년 동안에 115자나 많아졌고, 수학교육에서는 문자식이 중학교 1학년에서 초등학교 5학년으로 함수가 중학교 1학년에서 초등학교 3학년으로 확률이 고등학교 1학년에서 초등학교 6학년으로 내려오게 되었다.

| 읽을거리 |

신칸센(新幹線)은 일본철도(Japan Railroad)가 운행하는 고속철도 노선 및 그것에 사용되는 차량, 노선, 관련하는 철도운송 시스템의 전체를 가리킨다. 여기서 '신칸센 교육'이라는 말은 학교의 교육내용이 너무 빨리 진행된다는 비유로 사용되었다.

교육내용이 증가하고 게다가 어려워졌기 때문에 수업시간에 계산연습을 천천히 하고 앉아 있을 여유가 없다. 그래서 배우기는 했지만 계산이 안 된다고 호소하는 아이가 증가했다. 일본 전교조의 학력조사에서 중학교 1학년 아이들에게 분수계산 문제를 내보니 0점인 아이가 20퍼센트를 상회하고 있다는 것이 보고되고 있다.

교육내용의 수준을 올리고 그 계단을 빠르게 올라가는 양상이기 때문에, 시간을 들여서 계산연습을 시키거나 실물을 보여주고 예를 들면서 천천히 이해시키는 것이 가능하지 않게 된 것은 당연하다. 이러한 현실에 발맞추어 아이들에게 무엇을 가르치는 것에 관한 관점, 즉 아이의 능력을 어떻게 신장시켜줄 것인가에 대한 교육관이 변화하였다. 그 변화는 저잣거리 사람들의 삶 속에 깊게 뿌리내리고 있던 '배우기보다 익숙해져라'를 부정하고, 배우는 것이야말로 모든 것이라는 사상이 학교교육을 지배하게 되었다.

숫자가 어떻게 이루어져 있는지 그 구조를 이해하거나, 실제로 계산을 잘 하기 위해서는 연습문제를 충분히 풀어보면서 수를 익숙하게 다루는 것이 중요하다는 관점은 배우는 것보다 익숙해지라는 사상의 반영이기도 하였다. 그리고 그 사상이 통용되는 사회적 배경이 있었다는 것을 자각하는 것이 중요하다.

아이가 무엇인가를 몸에 익히기 위해서는 시간이 필요하다는 관점은 어른이 어떤 기술을 몸에 익혀나갈 때의 통념과 다르지 않다. 그러나 빠르기와 효율성을 주장하는 과학과 기술이 고도화, 거대화되어 가는 시대에는 당연히 이러한 감각은 비능률적이라는 이유로 부정된다.

수학자 긴바야시 히로시(銀林浩)는 하는 방식이 아니라 관점, 시점만을 가르치는 교육의 현대화를 비판하면서 다음과 같이 말한다.

"사칙연산 능력은 일시적으로 암산편중시대와 같이 속도는 문제 삼지 않는다 하더라도 수학적 인식에 있어서 불가결하게 중요하다. 계산은 기계가 해주기 때문에 계산능력을 생략해도 좋다고 말할 수는 없는 노릇이다. 인간의 여러 종류의 능력은 서로 복잡하게 얽혀 있기 때문이다. 몇몇 공부 잘하는 아이는 어떻게든지 자신의 관점을 발견해 나가는 데 비해, 대부분의 아이는 무엇을 하고 있는지조차 모르는 것이 태반이다."(『나의 수학교육 비판』, 國土社)

그러나 소수의 공부 잘하는 아이들을 대상으로 하는 조기교육이야말로 국가가 바라는 능력관을 그대로 반영하는 것이었다. 그러한 것은 한편으로 우리 어른 생활 전체의 변화와 견주어보면 아주 일부의 소수 톱클래스 엘리트가 정보와 기술을 독점하고 대중이 그것을 일방적으로 적당히 할당받는 구조, 즉 "권위에 의존하게끔 하자. 그러나 사실을 알게 해서는 안 된다."는 사회적 구조와 맞아 떨어진다.

잠자리한테 다리가 있었던가?

익숙해질 여유가 없는 학습, 수준 높은 학습내용을 어떻게 하면 빨리 따라 잡을 수 있을까? 그 이론적인 틀을 제공해준 학자는 앞에서 들었던 심리학자 브루너이다. 그는 그 이론을 '구조학습'이라고 명명하고 있다.

"즉 하나하나의 사상(事象)을 구체적으로 아이에게 제시하고 시간을 충분히 가지며 통합해나갈 수 있도록 하는 입장이 아니라,

그러한 익힘의 방식을 비능률적인 것으로서 배제하고 아이들 사이에서도 사물과 사물 간의 관련성, 즉 전체의 구조를 파악하는 것이 중요하다는 생각이 퍼져 나가고 있다. 이것은 시대의 지능관과도 통하는 것이다. 수학이든, 역사이든, 그 교과의 구조를 강조하는 것, 즉 가능한 한 빨리 어느 한 가지 학문이 갖고 있는 기본적 개념에 관한 감각을 학생에게 제공하려는 방식으로 그것을 강조하는 것."(『교육의 과정』, 岩波書店)

사물 그 자체를 자신의 손으로 친숙하게 다루는 것이 아니라, 사물끼리의 관련을 이해하는 것이 수준을 높이는 지름길로서 아이들에게 요청되고 있는 '지(知)'의 양상이 되었다. 어른의 삶 또한 그러한 '지(知)'에 지배를 받고 살아있는 몸의 감각으로부터 오는 지혜와 기술에 초석을 둔 삶으로부터 정보의 시대라 불리는 구조의 수동적인 이해에 매몰된 삶으로 이행해 왔기 때문에 사물과 현상을 구조적인 틀로부터 이해하려는 '지(知)'의 양상은 우리 시대의 특징이다.

이타쿠라 키요노부(坂倉聖宣)는 여대생에게 잠자리 다리가 몇 개인지 물어봤을 때 나눈 대화내용을 다음과 같이 소개하고 있다.

처음에 '잠자리에게 다리가 있었던가' 하는 대답이 돌아와서 놀랐는데, 조금 이야기를 진행하다 보니까 "아, 그렇지. 곤충의 다리는 6개라서."라고 말했다고 한다.

"다리가 없다는 말을 들었을 때는, 그 사람의 개성이라고 생각했는데 그렇지 않죠. 그런 사람이 꽤 있어요. 게다가 그런 사람들을 가만히 보면 곤충은 다리가 6개인 것으로 알고 있어요. 그런 종류의 지식이 있는 거죠."(『교육과 과학과 종말』, 明治圖書)

요즈음 아이들은 잠자리라는 살아 있는 존재는 알지 못한 채 곤충 일반의 구조에 관한 지식을 풍부하게 갖고 있다. 이와 같은 '지(知)'의 양상이 우리 시대를 지배하고 있고 그것이 아이들 속에서 키워져야 한다고 요청되는 '지능'이다.

하이타니 겐지로(灰谷健次郞)의 『토끼의 눈』* 에는 파리에 관해서는 정통해 있는, 그러나 학교에서는 정박아라 불리는 테츠로우의 이야기가 그려져 있다. 하이타니는 알고 있다는 것은 도대체 무엇인가를 현대의 지(知)의 양상을 비판하면서 묻고 있는 것이 아닐까 나는 생각한다. 잠자리를 알고 파리를 안다는 것, 혹은 숫자의 구조를 안다는 것은 도대체 어떤 것일까? 그것을 새롭게 묻는 것이, 즉 학교교육을 지배하고 있는 지(知)의 양상을 재고하는 것으로 연결될 것이다.

공부를 잘하는 아이

안다든지, 잘한다는 말은 도대체 무엇을 가리키는 것일까? 아이들을 키우고 아이들과 만날 때 종종 이런 생각을 하게 된다. 왜냐하면 아이가 사물과 친숙하게 만나면서 그것을 받아들이는 행위는 실로 다

* 『나는 선생님이 좋아요』, 이론사.

면적이고 풍부한 얼굴을 갖고 있기 때문이다.

예를 들면 유치원에 다니는 아이는 똑같이 생긴 의자가 많은 곳에서도 자신의 의자를 금방 찾아낸다. 아이들이 많은 집에서는 어른에게는 똑같이 보이는 손수건과 지우개를 내 것이라고 금방 찾아내는 경우를 자주 볼 수 있다. 소리만 듣고도 아빠 차 소리라고 곧바로 구별해 낼 줄 아는 것도 대개는 어린아이이다.

사물과 아이의 이러한 친밀한 관계는 심리학자 워너(H. Werner)가 '상보적(相貌的) 지각(知覺)'이라고 명명한 세상을 아는 방식에 속해 있다. 그것은 보통 '원시적인' 심성이라고 불리는 것이다. 이러한 아는 방식은 단지 아이뿐만이 아니라 원시적인 심성을 가진 것으로 알려져 있는 사람들, 예를 들면 아프리카 원주민 등에서도 볼 수 있다. 그들은 추상적인 숫자는 '3' 정도밖에 이해하지 못하는데도 수백 마리의 소 중에서 1마리가 없어진 것은 금방 알아차리는 능력을 가지고 있다. 수백 마리 중에서 없어진 1마리는 수로서의 '1'이 아니라 '그 소'이기 때문이다. 이러한 아는 방식이 가능한 사람들에게 있어서 추상적인 고도의 수개념은 필요가 없다. 그리고 그들이 가진 능력은 역으로 서구근대문명 속에서 살고 있는 우리에게는 아주 퇴색해 버린 것이다. 우리는 안다는 말을 종종 아주 쉽게 사용하고 있지만 조금 멈춰 서서 생각해 보면 이 말은 우리가 쉽게 사용하는 만큼 그리 단순한 문제가 아니다.

2개의 과자를 3명에게

피아노를 가르치는 어느 엄마가 '수학을 안다는 것은 무엇인가?'를 토론하는 부모들의 모임에서 다음과 같이 이야기를 한 적이 있다.

> "아이들에게 피아노를 가르쳐 보면 4박자라든지 3박자라는 리듬을 생생하게 아는 아이가 수학공부를 잘 못하는 경우도 있고, 반대로 분수문제를 술술 잘 풀어내는 아이도 리듬을 신체로 느끼는 것이 잘 안 되기도 해요."

이 지적은 단순히 음악과 수학을 잘하고 못하는 개인차의 문제가 아니라 좀 더 깊은 문제를 포함하고 있는 것이 아닐까? 이 모임에 참석하였던 수학자 이야나가 켄이치는 후에 그 모임에 보낸 편지에서 다음과 같이 진술하고 있다.

> "분수계산을 잘해도 리듬을 잘 타지 못하거나 반대로 리듬감각은 훌륭해도 분수계산을 못하는 아이가 많다는 것은 분수에 관해서 안다는 것이 말처럼 그렇게 간단한 일이 아니라는 것을 잘 보여주고 있다고 생각합니다. $\frac{1}{2}$, $\frac{1}{3}$에 관해서 안다는 것은 단지 머리로 납득하는 것만으로는 불충분하고, 그것을 몸으로 아는 단계까지 가지 않으면 안 됩니다. 또한 분수개념을 몸으로 느끼는 것만으로는 아직 부족하고, 그 체득한 것이 의식화되지 않으면 분수에 관해서 안다는 단계까지 이르지 못한 것입니다. 자칫하면 리듬은 안 되더라도 분수계산은 술술 잘하는 아이의 경우가 리듬감각은 있어도 분수계산을 전혀 못하는 아이보다도 발달

했다고 생각하기 쉬운데, 나는 실은 머리만으로 알았다고 믿고 있는 경우가 그렇지 않은 경우보다 곤란한 문제를 안고 있다고 생각합니다. 과자 2개를 3명이 나누어 먹거나 하나의 양갱을 4명이서 나누거나, 손뼉을 쳐서 박자를 맞추거나 노래를 부르거나 춤을 추거나 구슬놀이를 하다가 자기가 갖고 있는 구슬이 상대방 개수의 두 배라는 사실을 알아차리거나 하는 이러한 모든 것은 분수라고 하는 개념의 씨앗을 받아들이는 흙과 같은 것이라고 생각합니다. 물론 양갱을 몇 개 나누어 먹는 것에서 $\frac{1}{2}$, $\frac{1}{3}$ 이라는 개념이 반드시 나온다고는 말할 수 없습니다. 하지만 그처럼 생생한 체험이 풍부하지 않은 채로 분수의 개념을 배운다면 그것은 사막에 떨어진 씨앗과 같이 말라 굴러다니다 싹을 내지도 못하고 끝날 것입니다."

지능과 기호조작 능력

이야나가의 진술과 같이 구체적인 사물과 개념의 관계는 생명체처럼 살아 숨 쉬는 관계이다. 아이들은 '사물'과 '개념', '사물'과 '기호' 사이를 몇 번이나 왔다갔다하면서 세계를 확인하고, 세계를 조금씩 넓혀 나간다. 그 과정은 오랜 기간에 걸쳐 술이 발효되는 모습과 비슷하다. 충분한 시간과 다양한 우연성을 품은 과정이 아이에게 진정한 지혜를 가져다주는 조건이다.

이야나가는 덧붙여서 다음과 같이 결론을 맺고 있다.

"다양한 체험에 한 줄기 빛이 비추어지고, 그러한 체험 속에서 공통된 하나가 비추어져 나올 때 하나의 개념이 추출된다. 그러한 개념이 의식화될 때, 우리는 공중을 나는 새와 같이 새로운 차원에서 자신의 체험 하나하나를 살펴볼 수 있고, 더 나아가 새로운 지평을 볼 수도 있다. 그러나 새가 지상의 풀과 곤충을 먹으러 끊임없이 내려오지 않으면 안 되듯이, 추상적인 개념도 끊임없이 구체적인 사물과 일, 현상과 관계를 맺지 않으면 메말라 버린다. 분수계산을 머리로도 배우고, 또한 끊임없이 실제로 사용해 보아야 한다. 처음에는 어색하더라도 분수를 의식하지 않고도 자연스럽게 몸에 익숙해지는 단계까지 이르러서야 비로소 분수를 정말로 '알았다'고 할 수 있지 않을까 생각한다."[1]

| 읽을거리 |

> 이전의 경험이 이후의 경험으로 이어지는 경험의 계속성은 경험의 종적인 차원을 형성한다. 반면에 어떠한 경험의 결과로 주위 환경이 재구성되고, 그렇게 재구성된 환경과 교섭을 하는 경험의 상호작용은 경험의 횡적인 차원을 형성한다. 이러한 경험의 수직적이며 수평적인 지평의 확대로 인하여 경험은 부단히 새롭게 재구성되는 가운데 성장하는 것이다.(『경험과 교육』, 원미사)

이야나가의 지적은 어른에게 있어 지식과 생활의 통일성 문제와도 깊게 관련되어 있다. 지식과 생활이 분리되고 두뇌와 신체의 괴리가 진행된 것이 이 시대의 특징 중 하나이다. 사물과 수의 관계뿐 아니다. 언어 또한 그렇다. 언어야말로 다름 아닌 사람과 세계의 다양한 만남 속에서 생생하게 살아 숨 쉬고 있는 것이다.

그러나 지금의 학교교육 안에서는 언어도 숫자와 똑같이 단지 기호로만 다루어지는 경향이 아주 강하다. 특히 학교에서 평가되는 언어능력은 그 전형이다.

예를 들면 지금 중학교와 고등학교에서 영어를 잘한다는 것은 기호독해력이 뛰어나다는 것과 거의 동일한 의미로 사용된다. 말은 본래 사람과 사람 사이를 연결시켜주는 역할을 담당하였기 때문에 사람들과 서로 마음을 통하게 하는 것이 기본이었을 것이다.

말이 뛰어난 것은 사람들과 마음을 통할 수 있는 풍부한 하나의 수단을 갖고 있다는 것임이 틀림없다. 그러나 지금 학교에서 국어와 영어를 잘한다는 것은 말이라는 기호를 추상적인 수준에서 제대로 조작할 수 있는 능력이 뛰어나다는 것을 의미한다. 영어와 국어점수가 높다는 것이 기호독해력을 가리킨다고 하는 것은 이 의미에서이다.

따라서 지금의 학교교육 안에서 어학을 '잘하는' 사람이 역으로 사람들과 서로 마음을 통하는 능력은 계속해서 떨어지는 역설적인 일이 발생한다. 반대로 외국인과 몸짓과 표정으로 어떻게든 자신의 의지를 서로 전하고 웃을 수 있는 능력을 갖고 있는 사람은 정작 학교에서 영어성적이 그다지 좋지 않은 경우를 종종 볼 수 있다.

결국 숫자나 언어가 우리 '생활'과 '지혜'와 관련이 없는 것으로 되어버렸다. 그러한 것들은 생활이라는 대지에 발을 딛지 않은 고도의 기호체계로서 혼자서 걷기 시작하였다. 그래서 추상도가 높은 기호를 쉽게 조작할 수 있는 '어떤 능력'을 가진 사람들이 마치 '지능이 높은' 사람들인 것처럼 평가를 받는 것이다.

심리학자 타일러(L. E. Taylor)는 지능테스트를 논하면서 '모든 지능검사는 기호를 조작하는 능력을 측정하고 있다.'라고 진술하고 테스트 받은 지능이라고 하는 것은 '기호적 사고'라고 말하고 있다. 또한 그 '지능'의 모습과 시대의 관계를 다루면서 다음과 같이 말한다.

> "사물 그 자체가 아니라 기호를 조작하는 사고의 움직임은 문명생활에 없어서는 안 되는 것이다. 따라서 이 능력을 측정하는 것은 헤아릴 수 없는 가치를 갖고 있다."(『테스트와 측정』, 岩波書店)

사물과의 친밀한 만남(관계), 사물과의 살아 숨 쉬는 체험에 의해 만들어지는 생활을 배제하고서야 비로소 성립하는 현대 문명의 성질과 그 문명을 뒷받침하는 기호조작 능력을 중심으로 하는 특수한 종류의 능력을 지능이라고 부르는 사실은 이렇게 해서 명백해졌다. 추상적인 사고력을 근본으로 하는 이러한 지능의 연마를 계속해온 사람들이 나중에 엘리트, 수재라 불리는 길을 걷게 된다. 그러나 그 능력이 높은 곳에 오르면 오를수록 그들은 자신을 둘러싼 구체적인 사물과 자기 자신의 신체, 자신의 생활 자체를 잃고, 추상의 세계, 관념의 영역에 갇힐 수밖에 없게 된다.[1] 엘리트와 수재의 비극은 이렇게 시작되는 것이다.

| 읽을거리 |

'고급인력'이라는 말도 그렇다. 합성어로 사전에 등재돼 있지는

않지만, 정부와 언론에선 이미 익숙한 표현이다. 그러나 자주 입에 올리기엔 아무래도 거슬린다. 사람의 능력을 굳이 고급과 저급으로 나눠야 할 필요가 있을까 싶은 생각 때문이다. 어느 분야에 뛰어난 능력을 갖춘 사람이 있다고 하자. 그런데 그는 다른 방면에서는 그저 평범하다. 만약 그가 능력을 발휘하던 분야가 어느 날 쓸모없어진다면? 고급인력이던 그는 한순간에 저급인력이 되는 걸까. 반대로 아무도 대단하게 여기지 않던 분야에 재능을 가진 사람이 있다고 하자. 갑자기 그런 재능에 대한 수요가 늘어난다면? 저급인력이 하루아침에 고급인력으로 둔갑히는 걸까. 단지 특정 일자리에 어울리는 사람과 그렇지 않은 사람이 있을 뿐이다. 굳이 '고급인력' 따위 표현을 써야 할 이유가 없다. 하지만 취임 초기 청와대 참모진을 구성할 때부터 '베스트 오브 베스트'라는 말을 써가며 자화자찬했던 현 정부 앞에서 이런 지적은 무색해진다. '베스트' 가운데서 다시 '베스트'를 골라냈다며 자랑하는 이들에게 중요한 것은 '최고'가 아니라 '최적'이라고 말한들 소용이 있겠느냐는 말이다. 그래도 어쩔 수 없다. 고급, 최고를 따지기 좋아하는 버릇 때문에 누군가 피해를 본다면, 같은 지적을 반복할 수밖에. (『프레시안』, 2009)

'고급인력'이란 담론의 사용자가 인정을 하든 그렇지 않든 혹은 의도적으로 그것을 사용하든 그렇지 않든 그 담론은 인간 행위의 역사성·상황성·국소성을 무시한 보편성과 객관성에 우위를 두는 '논리실증주의(positivism)'의 산물이라고 할 수 있다. 이러한 논리실증주의적인 세상보기는 그 렌즈로 세상을 보는 행위자가 자신의 주위에 이웃이 있고 역사가 있고 사회가 있고 문화가 있다고 하는, 즉 현실이라는 대지에 발을 딛고 있다는 사실을 보지 못하게 하는 강력한 힘을 갖고 있다. 오자와 선생의 '관념의 영역에 갇힐 수밖에 없게 된다.'라는 말은 현실이라는 대지를 무시한 '고급인력'이라는 담론에 그대로 녹아들어 있다. 반면에 윗글의 기자가 주장한 중요한 것은 '최고'가 아니라 '최적'이라는 말은 다름 아닌 우리 행위의 여러 관계성(타자와의 관계, 역사와의 관계 그리고 상황과의 관계)을 시야에 넣은 담론이다.

엘리트가 아닌 대중은 이러한 지능신화와 관계가 없는 것일까? 그렇지 않다. 이러한 엘리트에 의해 뒷받침되고 지배되는 문명생활을 대중이 받아들이고 환영하는 한 대중과 엘리트는 똑같은 세계에 사는 동료이다. '머리는 똑똑하고 영리한데 실제로는 아무것도 할 수 없다', '이론만 알고 있고 전체적인 인간으로서의 생활력이 결여되어 있다'와 같이 엘리트를 경멸하는 말은 그대로 부메랑이 되어 대중을 치는 말이 될 것이다.

지능과 문제해결 능력

지능이란 무엇인가라는 경우, 예를 들면 하타노 기유(波多野 誼余夫)가 말하고 있는 것같이, "아직 푸는 방식을 배우지 않은 문제를 해결하는 능력, 즉 문제해결 능력을 가리킨다."(『지력의 발달』, 岩波書店)라는 관점 또한 널리 받아들여지고 있다. 지식이 아무리 많아도 그것만으로는 실제 문제해결에 도움이 되지 않는다는 것은 누구나

인정하는 점이고, 지식이 지능과는 다른 종류의 것이라는 것도 명백하다.

그러나 학업성적이 좋은 아이와 지능과 관련해서 문제해결 능력이라는 것을 생각할 때 이것은 좀 복잡하고 다루기 까다로운 문제이다. 사람들은 학교공부 잘하는 아이를 가리켜 "저 아이는 머리가 좋다."라고 말한다. 그리고 또 한편으로 "학교 공부를 잘 하는 아이가 반드시 생활력이 있는 아이라고는 할 수 없다."거나 "성적보다 실력이다."라고 한다. 그러한 경우, 문제해결 능력이라는 것은 도대체 무엇일까?

생활 속에서 일어나는 다양한 문제와 어려움을 해결해 내는 종합적인 능력이 바로 문제해결력일 것이다. 그러나 과연 이러한 능력을 지능이라고 부르는가? 실제로는 이러한 능력을 생활력이라든지 유능함으로 부르고 있는 것은 아닐까? 예를 들면 지능이 높은 학자・연구자가 생활력에 있어서는 무능하다는 이야기를 자주 듣는다. 그러면 지능과 생활력이라는 것은 상반되는 개념이 아닐까라는 논리로 발전하고, 문제해결 능력이라는 것이 도대체 무엇인가 다시 미궁에 빠지는 것 같다.

심리학에서 말하는 문제해결 능력이라는 것은 보통 비둘기와 쥐가 먹이 나오는 출구를 정확하게 구분해 내는 것과 같은 변별능력과 학습능력과 관련 있는 능력을 가리킨다. 그러나 우리가 생활 속에서 만나는 문제는 이러한 실험실 장면과는 크게 다르며 훨씬 복잡하고 종합적이다. 예를 들면 역경을 이겨내는 능력이라든지, 스포츠 시합

막판에 역전을 시도하는 능력을 생활인의 문제해결 능력이라고 부를 수 있을 것이다. 그런데 이러한 힘은 일반적으로 유능하다고 할 뿐 결코 지능이 높다고 하지 않는다.

지능이 높다거나 머리가 좋다는 말은 대체로 학교성적이 좋다든지 학교 공부와 관련해서 이해력이 빠를 때에 사용한다. 지능이 곧 문제해결 능력이라는 정의는 그 적용대상을 실험실이나 학교교육의 장으로 한정시키면 성립될지 모르겠으나, 그 내용은 지금까지 진술해온 바대로 구조를 재빠르게 간파하는 능력이라든지 기호를 다루는 능력과 같은 한정적인 어떤 특별한 종류의 능력에 지나지 않는다.

수동형이 되는 능력

학교 성적이 좋다든지, 시험에 강하다든지, 좋은 고등학교, 좋은 대학에 들어가는 능력과 분리할 수 없는 또 하나의 심리적 측면이 있다. 그것은 사물과 현상을 받아들이는 능력이 높다는 것이다. 바꾸어 말하면 수동형이 될 수 있는 능력이라고 해도 무방할 것이다.

이러한 능력에 대해서는 아이의 초등학교 입학자격과 관련해 이미 다루었지만, 그것은 자신의 취향과 생각을 일단 옆에 놔두고 외부의 것을 계속해서 의욕적으로 받아들이는 강인한 위장에 비유할 수 있다. 즉 받아들이는 능력이 높다든지 흡수력이 강하다든지 같은 표현이 가능할 것이다. 이렇게 표현하면 언뜻 보기엔 적극성과 능동성과 관련 깊은 능력으로 생각하기 쉽다. 왜냐하면 학교성적이 좋은 아이는 확실히 학업과제에 적극적으로 몰두해서 그것을 흡수하는 능력이 강한 아이이기 때문이다.

그러나 조금만 관점을 바꾸어보면 이러한 능력은 외곬수적인 수동성으로 보인다. 자신 안에서 올라오는 의문과 생각에 사로잡히는 아이(2+2=4라는 법칙을 곧바로 이해하지 못한 하니 스스무)는 자기 내면에 강건한 초석을 두고 있다고 볼 수 있다. 반면 학교에서 우등생이라고 불리는 아이들은 외부에서 자신에게 할당된 지식과 과제에 초점을 맞추어 그러한 것들을 아무런 저항 없이 받아들인다는 점에서 적응적·수동적이다.

예를 들면 유능한 샐러리맨이 멸사봉공 정신으로 회사를 위해 열심히 일하는 것과 비슷하다. 이러한 적극성은 주어진 과제에 몰두하는 형태의 능동성이고, 정확하게 말하자면 '종속적 능동성'이라는 표현이 어울린다. 그것은 본질적으로는 수동성인 것이다. 학교에서 공부를 잘 하는 아이는 무엇이든 금방 받아들이는 아이라는 표현이 있는데 이것은 그런 종속적 능동성을 잘 보여 주는 실례이다.

초등학교에서 좋은 성적을 받고, 중학교에서는 고등학교 진학을 위한 공부에 열중해서 좋은 고등학교, 좋은 대학에 들어가는 능력은 우수한 능력이라 이름 붙은 수동성의 결정체이다. 지능신화는 이렇게 해서 만들어진다. 높은 지능과 진정한 생활력의 괴리, 머리의 좋음과 생생하게 살아가는 능력 간의 괴리. 수험체제에 길들여져서 그것을 헤쳐 나가는 아이들은 지능신화 안에서 분열되어 간다. 하지만 그들에게 그 신화의 가면성을 간파하는 시간적·심리적 여유는 주어지지 않는다.

고투하는 아이들

지금 아이들은 지능신화에 의해 주도되는 전쟁터에 둘러싸여 좁은 하나의 길만을 걷도록 강요받고 있다. 거기에 갇히기를 거부하고 스스로 납득할 수 있는 삶의 모습을 구하려는 아이들은 딱하게도 피투성이가 되는 싸움을 치르게 된다. 등교거부와 비행이라는 미명하에 부적응아이라는 낙인이 찍힌 채 고투하는 아이들의 모습은 지능신화를 거부하고 다른 길을 모색하는 것이 결코 순탄치 않음을 여실히 보여준다.

한 대학생은 오랜 세월에 걸친 그러한 고투를 다음과 같이 회고하고 있다.

> "초·중학교 동안 준비되고 주어진 것을 해내기만 하면 한 계단씩 위로 올려주는 에스컬레이터에 어떻게든 탈 수 있어서 고등학교에는 들어오긴 들어왔는데 고등학교에서 하루하루 보내다 보니 내가 타고 있는 에스컬레이터가 나를 어디로 데리고 가는지 점점 신경이 쓰이기 시작했습니다. 그런 생각이 드는 순간, 이미 나는 뒤쳐진 아이가 되어버린 거겠죠. 나는 견딜 수 없이 싫었습니다. 학교에 가는 의미를 모른 채 단지 모두 가니까 가야 된다는 식으로 학원생활, 그것도 반은 대학입시를 겨냥하여 수험학원화 되어버린 생활을 계속하는 것이 아주 무의미하다고 느꼈습니다. 그런 생각이 점점 커짐에 따라 학교 가는 것이 정말 고통스러웠고, 마침내 어머니를 설득해 퇴학을 결정하였습니다."(대학생의 과제로부터)

그는 그 후 여러 일을 전전하며 먹을 것이 없어서 쓰레기통을 뒤지는 밑바닥 체험까지 하면서 8년간의 방황 끝에 다시 자신의 의지로 실업계 고등학교에 편입해서 새로운 길을 찾아 나가게 된다. 이 과정 속에서 그가 배운 것은 언제나 자기 자신 스스로 선택해 온 것이라는 자부였다고 진술했다.

자신의 인생을 스스로 결정한다는 너무나도 당연한 실감, 인간에게 있어서 아주 자그마한 하나를 손에 넣기 위해서 거기 맞서는 현대 아이들이 얼마나 힘겨운 고통에 노출되어 있는지를 잘 보여주고 있다. 이러한 어려움을 혼자 힘으로 극복하려는 시도는 어린아이들에게 가혹한 노력과 많은 대가를 요구하며, 이 때문에 좌절하고 죽음을 선택하는 아이들도 끊이질 않는다. 어느 초등학교 6학년생은 「아이의 자살에 대한 아이로부터의 의견」이라는 제목으로 다음과 같이 이야기하고 있다.

> “어른은 인생경험과 돈, 그리고 힘이 있고 강하니까 아이들의 고립감을 몰라요. 자살한 아이들의 유서를 보면, 자살의 원인으로 공부의 고통이 많아요. 그러한 아이들에게 있어서 세계는 어른으로부터의 압박과 공부의 지옥이에요.”

지능신화에 잠식되는 것을 거부하는 아이들은 이처럼 생명을 버리면서까지 어른에 대해 항의한다. 이러한 아이들의 비명에 어른들은 어떻게 대응할 수 있을까?

힘 있는 말을 향해서

1950년대 말쯤 중학교 3학년 소년 노가미 탄지(野上丹治)가 쓴 「지붕 만들기」라는 시가 있다.

빨간 핏방울이 5개, 6개 꽃잎처럼 퍼져나간다.
반짝반짝 빛나는 함석 위에 누구의 피일까?
아버지도 잠자코 나도 잠자코 탕탕 해머를 쳤다.
메워져 가는 은색의 지붕 위에 빨간 핏방울이 꽃잎처럼 퍼져 나간다.
누구의 피일까?
아버지도 말하지 않는다.
나도 말하지 않는다.
탕탕 해머를 치고, 물결모양의 함석을 메워 나간다.
높고, 높은 지붕 위에 태양이 반짝반짝 빛나는 여름의 오후 늦게.

이 시를 쓴 15세 소년의 힘과 대범하고 느긋함은 우리의 눈길을 끌기에 충분하다. 괴롭고 힘든 노동 속에서도 이 소년은 노동의 자부심과 자신감, 아버지와 아들 사이에 말없이도 통하는 마음을 노래하고 있다. 그러나 현재의 중학생들은 이러한 것들을 잃어가고 있다. 이들은 이렇게 말할 것이다. "그런 시대에 태어나지 않아서 다행이다. 지붕 같은 건 수리업체 사람이 해줄 것이고, 냉방장치가 있는 방에서 텔레비전을 보고, 시끄러운 아버지는 없으며 조금이라도 상처를 입으면 일회용 반창고로 끝." 등등.

사람들의 생활수준이 높아지고 아이들이 힘든 노동과 가난으로부터 해방된 것은 바람직한 것이 아닐까라고 말하는 사람들도 있을 것이다. 물론 그러한 생각도 일리가 있다. 하지만 현재의 중학교 3학년들이 정말로 행복한 얼굴을 하고 있는가 하면 전혀 그 반대이다. 에너지가 남아도는 왕성한 신체를 노동과 스포츠에 소비하는 것은 허용되지 않고, 경쟁에 시간을 보내는 일상은 햇빛 아래서 땀을 흘리며 지붕수리를 하는 믿음직한 소년의 모습에 견주어 결코 행복하다고 말할 수 없다.

나는 지금의 아이들, 젊은이들은 자연과의 교류 속에서 얻을 수 있는 자신감이 결여되어 있다고 생각한다. 벌레가 무서워서 잡지 못하거나 불 피우는 방법을 모르는 것은 자연에 대한 공포로 연결된다.

어느 여학생은 "석유가 없어지거나 전기가 끊기면 큰일이라는 공포감은 우리 세대에 아주 강한데 그것은 우리가 자연을 잘 모르기 때문입니다."라고 말하였다. 역설적이지만 사람은 자연과의 만남을 통해서 자연의 무서움을 알게 되는 한편, 그 덕분에 생명체로서의 자신감을 갖게 되는 것이다.

그러나 지금의 아이들이 자신감 없어 보이고, 행복한 얼굴을 하지 않는 것은 아이들 탓이 아니다. 그리고 아이들에게 너무 많은 공부를 강요하는 것이 일본 교육당국만의 탓 또한 아니다. 문제의 뿌리는 더 깊다.

수준 높은 수학보다는 사칙연산 정도만 제대로 할 수 있으면 생활에 지장이 없다는 의견이 있다. 어른이 되고 보니, 중학교와 고등학교 때 배웠던 삼각함수와 미적분 등은 필요 없었다는 목소리를 자주 듣게 된다.

그러나 이러한 사람들도 일상생활에서는 전화와 지하철과 에어컨, 텔레비전의 혜택을 보고 있기 때문에 고도한 과학과 기술과 인연을 맺지 않고는 살 수 없다. 말을 바꾸면 그러한 편리한 생활은 어릴 때 삼각함수와 미적분을 헤쳐 나가는 지능에 의해서 간접적으로 뒷받침되고 있다.

지금 우리의 삶은 스스로 그 구조를 알 수 있는 부분이 거의 없어져버렸다. 예를 들면 전화처럼 매일 사용해서 몸에 익숙해 있는 것도, 그것이 고장 나면 스스로 고칠 수 없다. 그런 의미에서 우리의 삶은 타인의 손에 맡겨진 수동적인 것이 되어버렸다.

쾌적하고 편리한 삶을 살고 싶지만 지금과 같은 지능과 학력의 비인간적인 양상만은 바꾸고 싶다는 논의는 모순이다.

비인간화된 지능의 양상을 부정하고, 살아 숨 쉬는 지(知)의 지평을 목표로 할 때 우리는 지능과 교육 그 자체뿐만 아니라 그러한 지의 뒷받침을 통해서 비로소 성립하는 현대의 기계문명을 새롭게 묻는 작업으로 함께 향하지 않으면 안 된다.

4장
심리테스트의 실상

심리테스트의 두 가지 얼굴

사람들은 심리테스트에 대해 크게 두 종류의 감상을 들려준다. 하나는 "재미있을 것 같다."는 것이고 나머지 하나는 "무섭다, 찝찝하다."이다. 무섭지만 재미있다. 무섭다고 하면 우리는 괴기전시회 정도를 연상하는데 심리테스트라는 도구는 블랙박스의 모습으로 이 세상에 존재하고 베일에 감추어져 있다. 그것은 왜일까?

심리테스트는 비밀, 비기(秘技)로 다루어진다. 비기로 두는 까닭의 하나는 그것으로 득을 보는 즉 이익을 얻는 사람들이 있기 때문이고, 또 하나는 이익과는 직접적으로 관계가 없더라도 그 비밀스러움을 크게 바라는 심정을 가진 사람들이 존재하기 때문이다. 전자는 괴기 전 시회 같은 것을 열어서 입장료를 취하는 사람들이고, 후자는 내막을 공개하지 않음으로써 즐거움을 얻으려는 사람들이다. 즉 그것은 심리테스트 전문가 및 심리테스트로 마음의 측정을 기대하는 사람들이다. 그리고 중요한 것은 심리테스트에 의해 불이익을 얻을 수 있다는 이유로 그 어느 쪽에도 포함되지 않는, 이것을 강하게 거부하는 사람들이 확실히 존재한다는 사실이다. 심리테스트가 측정대상으로 삼고자 하는 것은 실은 이 소수의 사람들이라고 해도 좋을 것이다.

정신병자라는 진단을 받은 오오노 아키코(大野あき子)는 "심리테스트를 하는 것은 인간에 대해서 실례가 아닌가요?"라고 말했다. 그의 반응은 테스트를 강제적으로 받아야 하는 입장에서 그 본질을 예리하게 쫓고 있다.(『심리테스트, 그 허구와 현실』, 現代書館)

심리테스트는 그 베일 뒤에 알고 있는 자와 자신을 알려야 하는 자, 하는 자와 당하는 자라는 상하관계에 의해서 성립된다. 알고 있으며, 실시하는 자에는 ① 테스트를 제작하는 학자·연구자 ② 테스트를 시행하는 심리임상분야의 전문가 ③ 테스트를 판매하는 업자가 포함되어 있다. 그들은 심리테스트를 통해서 이익을 얻는 사람들이다.

심리테스트를 받는 사람은 테스트의 교묘한 장치를 알지 못한 채, 자신에게 불리할 수 있는 정보도 일방적으로 제공할 수밖에 없다. 만약 테스트를 거부하게 되면, 그것은 그대로 테스트 거부라는 바람직하지 못한 하나의 반응으로서 꼬리표가 붙고, 그것 자체가 정보화된다. 따라서 심리테스트는 한여름에 재미삼아 찾는 괴기전시회같이 여유로운 것일 수가 없다.

게임으로서의 심리테스트

한편 심리테스트에 대해 '재미있다'거나 어차피 게임이라는 생각도 뿌리 깊다. 거기에는 주간지 등의 심심풀이용 심리테스트가 한몫한다. "심리테스트는 무엇이라고 생각하는가?"라는 질문을 받고 어느 대학생은 다음과 같이 답하고 있다.

"자신의 위치를 재거나 체크해 보는 것은 재미있어요. 나라는 존재는 이런 것이었구나! 물론 자신도 모르는 사이에 암시에 걸릴 수 있다는 불안이 있지만요."

여기에는 게임의 모습을 한 심리테스트의 형태가 잘 나타나 있다. 자기가 그것을 할지 말지 믿을지 믿지 않을지를 자각적으로 선택할 수 있는 것이 게임의 전제조건이다. 거기서의 심리테스트는 어디까지나 골라서 하는 것이고, 강요에 의해 어쩔 수 없이 하는 것이라고는 생각되지 않는다.

내포하는 차별 · 선별의 구조

그러나 재미삼아 심리테스트를 해보는 사람도 그것이 인간을 선별·배제하는 도구로서 기능하고 있다는 것은 알고 있는 듯하다. 이 세상에는 정신병원, 소년원, 특수학습시설, 교도소 등 대다수의 사람들로부터 분리된 사람들을 위한 장소가 있다. 거기서 사람은 교정되어야 하고, 심리학자가 있으며 심리테스트가 사용된다는 것도 사람들에게 잘 알려져 있다. 그것은 진짜 테스트이고 내막은 공개되지 않는다. 놀이로서 유포되는 것은 가짜 테스트이고, 가짜는 보여줄 수 있지만 진짜는 보여주지 않는 구도로 되어 있다.

대중화·게임화된 심리테스트를 보면 무심코 해보고 싶어진다고 말하는 사람들은 자신을 아는 것이 즐겁다고 하지만, 실은 자신의 개성이 이 세상에 인정과 허용 받는 범위 내에 있는지, 즉 자신은 괜찮은가를 점검해 보고 싶은 욕구를 갖고 있을 것이다. 어느 대학생은 "심리테스트란 집단의 평균에서 벗어나지 않기 위해 자신의 위치를 체크하는 것"이라고 말하였다.

이 다수의 사람들에게 있어서 심리테스트는 생활의 액세서리에 지나지 않지만, 바로 그렇게 계속 소위 정상으로 있기 위해서 이러한 종류의 심리테스트가 필요하고, 자신을 안전권에 두기 위해서 도움이 된다고 느끼는 것이다. 그리고 거기서부터 벗어난 사람들을 위해서도 마음을 교정하기 위한 지표로서 심리테스트는 유용하다. 마음의 비뚤어짐을 조기에 발견하는 데 도움이 되었으면 좋겠다는 심리테스트에 대한 긍정과 기대가 탄생하는 것이다. 심리테스트를 받는 자가 아닌, 하는 자가 되고 싶다고 하는 차별적인 바람도 거기에는 함께 존재한다.

심리테스트에 관련되는 세 종류의 사람들, 즉 하는 자, 받는 자, 노는 자의 구도를 살펴보기로 하자. 심리테스트는 〈그림 6〉처럼 받는 측에 대한 차별성 위에 성립하고 있다. 그러나 그 문제성은 심리학이라는 부드럽고 친절한 구조에 덮여 있어서 보기 힘들게 되어 있다. 다음으로 화제를 바꾸어서 심리테스트의 성립, 역사와 테스트 내용을 조망하면서 그 문제성에 관해 보다 구체적으로 생각해 보자.

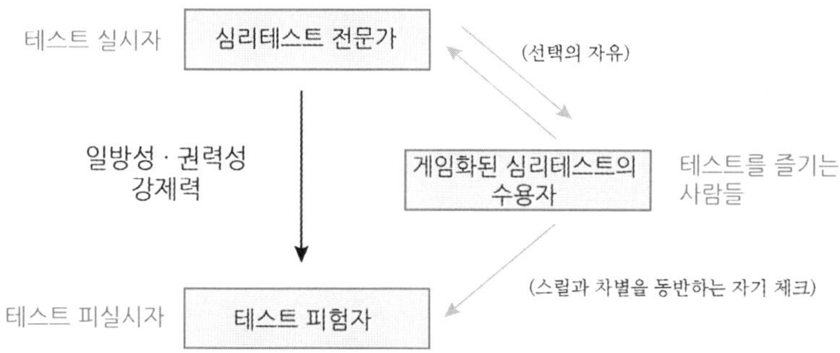

〈그림 6〉 심리테스트에 관련된 세 가지 입장

심리테스트를 특징짓는 그 탄생과 발전

심리테스트의 역사는 인간의 심적 특질에 관한 개인 차이, 즉 개인차 연구의 역사이다. 그 원류에 있는 학자 중에 프렌시스 골턴(F. Galton)이 있다.

골턴은 영국 사람으로 다윈의 사촌이었는데, 영국 민속의 인종개선에 관심을 갖고 심리학 영역에 관심을 기울였다고 알려져 있다. 그는 영국인의 정신과 신체 특징을 측정하는 것에 정력을 쏟아, 감각적 · 지적 능력 등 능력차의 측정과 그러한 것들을 다루는 통계법 사용 등 심리측정의 기초를 만들었다. 그는 1869년에 『유전적 천재 – 영국의 과학자들』이라는 책을 집필했는데 그것은 좋은 신체적 특징을 가진 부모는 그것을 아이에게 전해야 한다는 우생학적인 견지에 서 있었다.

또 한 사람은 영국에서 태어나 미국에서 일을 한 카텔(M. Cattell)이다. 그는 갈톤의 개인차 측정과 우생학적인 관점에 끌렸는데, 1890

년에 멘탈테스트(mental test)라는 말을 처음으로 사용하였다. 이것이 현대 심리테스트의 시초라고 알려져 있다. 카텔은 10종류의 측정으로 구성되는 이 테스트를 어떤 훈련에 적합한 인간을 골라내거나 마음의 병을 찾아내기 위하여 실제로 사용할 수 있겠다고 생각하였다. 심리테스트는 이처럼 '우생학적' 혹은 '선별적인' 성격을 갖고 출발하였다.

원래 테스트라는 말의 어원은 라틴어의 'testum'으로 금속을 정련·분석하는 그릇을 가리키는 말이며, 평가·측정을 해서 대상을 선별한다는 어원을 배경으로 하고 있다.

심리테스트는 미국에서 발전하였다. 미국의 역사적·사회적인 풍토가 적자생존이라는 진화론의 관점을 환영하였던 것이다. 거기에 필요한 것은 지능과 성격이었다. 지능이 높고, 안정된 성격을 갖고 있으면 사회에 적응하고 성공한다는 생각이다. 그래서 지능과 성격 측정을 토대로 인간을 선별하는 것이 필요하였다.

유럽에서 탄생한 비네 검사와 로르샤하 테스트 같은 종류의 심리테스트는 선별적 목적을 가지고 지능과 성격 측정을 중시하는 미국에 흡수되었으며, 그 후 대부분 심리테스트의 주류가 미국에서 만들어지게 되었다.

심리테스트의 성립과 그 배경

심리테스트는 지능, 학력, 성격, 적성 등의 개인차를 측정하는 테스트를 총칭하는 것이다. 먼저 그중에서 지능테스트의 성립과 그 관계에 관해 아주 간단하게 다루고, 심리테스트가 갖는 기본적인 성격을 살펴보자.

지능테스트를 처음으로 만든 사람이 프랑스의 비네(A. Binet)라는 사실은 잘 알려져 있다. 이 검사는 공동연구자 시몽(T. Simon)의 이름을 더해 '비네-시몽 척도'라고 불렸는데, 1905년에 공립학교 내에서 특수학급에 배치할 아이를 선별하기 위하여 제작되었다. 비네는 1904년에 파리 교육장으로부터 정신적 열등의 정도를 다루기 위한 테스트 제작을 의뢰받았다. 선별기능으로의 역할이 기대되고, 거기에 대응하는 형태로 심리테스트가 탄생하게 된 것이다. 현재 일본에도 등교거부아의 조기발견을 위한 성격테스트가 만들어져 있는데, 시대의 상황과 일맥상통한다.

학교에서 군대로

비네·시몽 검사는 그 후 미국에 건너가 터만(L. M. Terman)에 의해 스탠포드 개정판(일명 스탠포드-비네 검사)으로 발전하게 되었는데, 지능테스트가 급부상하게 된 것은 제1차 세계대전 때였다. 그 때 심리학자들에게 부과된 임무는 아이들이 아니라 군인들의 능력 감별방법을 고안하는 것이었다. 그 목적을 달성하기 위해 1917년 7명의 심리학자로 구성된 위원회가 만들어지고 적절한 척도를 만드는 시도를 거듭하였다.

거기서 두 가지 검사가 만들어졌다. 하나는 미국육군 'A식 검사'로 알려져 있는 집단지능검사, 또 하나는 'B식 검사'라고 불리는 것이다. 전자는 언어를 사용하는 방식으로 통칭 'Army 알파', 후자는 'Army 베타'라고 불린다. 후자는 문자를 읽을 수 없는 50만 명이 넘는 병사의 존재를 고려하였다. 제1차 세계대전 중 적재적소 배치를 위해 이러한 지능 테스트를 받은 병사는 180만 명이 넘는다고 보고되고 있다.

지능테스트의 탄생과 보급이 공교육과 전쟁, 즉 학교와 군대와 연관된 국가의 요청으로 이루어졌다는 것은 심리테스트의 본질을 상징적으로 보여주고 있다. 그 본질이란 두말할 필요도 없이 인간의 효율적인 선별방법이다.

앞에서 들었던 미국의 심리학위원회에 의하면 전시 하에 테스트 시행의 주된 이점은 "아주 똑똑해서 장교가 될 수 있는 자격을 갖춘 사람을 찾아내고, 정신적으로 열등한 남자를 배제할 수 있다는 점이었다. 하루에 5천 달러라는 비용이 드는 전쟁에서 스피드야말로 중요한 것이었다."

그 후 미국에서는 개별지능검사의 제작이 주로 데이비드 웩슬러(D. Wechsler)에 의해 진행되어 1939년부터 1970년에 이르기까지 오랜 시간을 거쳐 성인부터 유아까지 측정할 수 있는 세 종류의 지능검사가 고안되었다.

현재 일본에서도 앞의 군대용 'A식 · B식' 등이 집단지능검사에 반영되어 학습현장에서 매년 사용되고, 심리테스트 시장의 중심을 차지하고 있다. 그중에서 지능지수(IQ)라는 개념은 탄생한 지 200년도 안 되는 사이에 사람들의 의식을 강하게 지배하게 되었다.

성격테스트의 인식론적 문제성

본장의 서두에서 예로 들었던 '심리테스트는 무섭다 또는 재미있다.'의 두 가지 감상에서 알 수 있듯이 '심리테스트'라고 하면 보통 '성격테스트'를 가리킨다. 즉 심리테스트가 성격테스트의 대명사로 받아들여지는 현상이 있다. 혈액형과 별자리, 1980년대 일본에서 사람 마음을 일컬어 '네아카(ネアカ)', '네쿠라(ネクラ)'* 라는 표현의 유행, '당신의 성격은?'처럼 많은 종류의 주간지 기사 등 특정한 꼬리표 붙이기가 특히 젊은 층을 중심으로 확산되었다. '심리테스트=성격테스트'라고 받아들여지는 것은 성격테스트 붐을 반영하고 있는 것이다.

성격 · 인격테스트는 지능테스트와 똑같은 역사를 갖고 있다. 성격 그 자체에 관한 논의만을 보면 그것은 고대 그리스까지 거슬러 올라갈 수 있는데 그러한 역사를 보면 체액과 기질의 관계 등이 옛날부터 논의의 대상이 되었다. 사람의 기질에 대한 관심은 인간에 대한 관심이 있는 곳이면 어디든지 존재한다고 할 수 있다. 사람의 기질과 성분은 다양하다. 성격테스트는 그 다양함을 수량화하고 눈에 보이는 형태로 다루는 것이라고 정의할 수 있다. 만약 테스트가 사람은 다양하고 재미있다는 입장만을 견지한다면 별 문제될 게 없을 것이다. 그러나 당연한 것이지만 성격테스트는 피험자를 평정하는 '가치

---

* '네아카', '네쿠라'라는 것은 1980년대 말 무렵 일본 TV 버라이어티 프로그램 같은 곳에서 사람의 성질을 가리켜, '明るい : 아카루이(밝은) 인간', '暗い : 쿠라이(어두운) 인간'이라는 의미의 약어로서 자주 사용된 말. 특히 '저 사람은 <네쿠라다>라고 하면 꽤 부정적인 느낌을 주는 표현이다. 이러한 말의 유행은 심리테스트의 유행과 관계가 있다.

척도'를 내포하고 있다.

"심리테스트는 개인의 심적 사태를 단지 객관적으로 측정하는 중립의 기법이다. 심리테스트에 문제가 있다면 그것은 도구 자체가 아니라 도구의 사용방법에 문제가 있는 것이다."라는 주장이 만드는 측과 사용하는 측을 중심으로 자주 제기되고 있다. 그러나 그것은 궤변이다. 지능테스트가 그런 것처럼 성격테스트 또한 인간에게 있어 바람직함, 바람직하지 못함을 측정한다. 특히 바람직하지 못하고 열등한 측면을 발견하고 선별하는 방법이다. 도구 자체가 깊숙이 이데올로기를 내포하고 있는 것이다.

어떤 성격테스트가 있는가?

여기서 성격테스트의 종류에 관해 요약해서 소개해 보겠다.

〈표 4〉 성격테스트의 종류

지능테스트	개별식(비네법, 웩슬러법 등)* 단체식(Tanaka A식 · B식, 교연식 등)
학력테스트	학력향상요인진단검사, Readiness Test 등
성격테스트	질문지법(YG성격검사, MMPI, 불안테스트 등)* 작업법(Uchida 클레베린 정신검사 등) 투영법(SCT문장완성법, PF스타디, 로르샤하반응 등)*
인간관계테스트	부모－자녀관계진단테스트, socio－metrics 테스트 등*
적성테스트	직업적성검사, 사고경향검사 등*

* 표시된 검사들은 우리나라에도 사용된 검사들임

성격테스트, 즉 인격검사는 그 양식에 따라 크게 질문지법(자기보고법), 작업법, 투영법의 세 종류로 나눌 수 있다.

질문지법은 다수 항목을 통해 피험자의 행동과 의견, 감정 등에 관한 대답을 구하는 것으로 의료, 학교, 기업을 비롯하여 임상현장에서 광범위하게 사용되고 있다. 일본에서 학교용으로 1950년대 말부터 만들어졌는데 1980년대 들어 컴퓨터 보급과 '교내폭력' 증가라는 사회적 배경을 등에 업고 발행건수가 증가하였다.

질문지법의 원류를 거슬러 올라가면 지능테스트와 똑같이 그 심리테스트 방법이 전쟁과의 관계 속에서 탄생했다는 것에 도달하게 된다. 1917년경 워즈워드(R. S. Wordsword)는 성격적인 측면에서 군대업무를 견딜 수 없을 것 같은 사람, 즉 전쟁신경증에 걸릴 것 같은 사람을 미리 배제하기 위한 질문지를 만들고, 이것을 '개인자료용지(personal data sheet)'라고 명명하였다. 질문지는 '당신은 대부분의 시간동안 슬프고 의기소침해 있는가?' 같은 질문항목을 포함하고 있었다. 제2차 세계대전 때 미국 육군에 의해 더 충실해진 신경증적 경향테스트가 만들어졌다. 전시에 조직된 인사분류위원회는 심리학자들로 구성되었다. 1945년에는 미국에 약 5000명의 심리학자가 있었는데 그중에서 1700명 이상의 심리학자가 군대에 채용되었다고 알려져 있다.

전시에 심리테스트 개발과 인사관리 방법에 많은 예산이 투입되어 테스트의 발전이 이루어졌다. 그 후 심리학자와 그 기법들은 산업계·기업으로 넘어가게 된다. 1930년대에는 사회적 요청에 따라보다 포괄적으로 전인격을 테스트할 수 있는 투영법의 발전으로 연결되었다. 미국을 습격한 불황시대에 인사관리가 보다 중시되자 많은 기업이 태도척도에 기초해서 노동자들을 선발하였다. 이 테스트의 주된 내용은 특정 직업에 대한 적성, 속도, 순응능력 등의 적응성이었다. 1947년 경영자들에게 제공된 테스트는 793종이었다고 알려져 있다. 그 안에는 독일의 정신과 의사 클레베린이 창안한 '클레베린정신작업검사'도 포함되어 있었다. 클레베린검사는 앞의 성격테스트 분류인 질문지법의 대표격으로 현재 일본의 중학교·고등학교에서도 학생용 검사법으로 많이 사용하고 있다.

상대하기 벅찬 도구로서의 투영법

성격테스트의 세번째 종류는 가장 심리테스트다운 것으로 평가받고 있는 투영법이다. 투영법이라는 것은 'project method'의 일본어역으로 마음속을 그대로 비추어낸다는 의미를 가지고 있다. 테스트에 사용되는 자극은 애매하고 자유도가 높고, 구조화의 정도가 낮다. 책과 사람 그림을 그리게 하는 바움테스트와 인물화테스트, 스트레스 받는 장면을 만화로 보여주고 〈그림 7〉처럼 공백의 말풍선에 대사를 써넣게 하는 그림욕구 불만테스트, 미완성된 문장을 완성시키는 문장완성법(SCT), 다양한 종류의 스토리를 만들게 하는 그림통각검사(TAT, CAT), 그리고 잉크를 흘려서 반으로 접은 상태에서 생긴 좌우대칭의 얼룩에 대해 어떻게 보이는가를 대답하게 하는 로르샤하테스트가 대표적이다.

〈그림 7〉 그림욕구 불만테스트

테스트를 실시하는 측은 투영법이 자유로운 테스트라고 말한다. 검사할 때도 빈번히 자유라는 말이 사용된다. "계속해서 자유롭게 문장을 만들어보세요.", "보이는 것을 무엇이라도 자유롭게 말해 보세요." 등. 그러나 피험자에게 있어서 자신의 자유로운 반응이 어떻게 측정, 해석되는가는 모두가 추측할 수 있는 범위를 넘어선다.

질문지법이라면 실시하는 측의 의도를 어느 정도 읽을 수 있는 부분도 있고, 피해 갈 수 있는 부분도 어느 정도 있지만(그런데 여기에도 피험자의 의표를 찌르는 '허위척도'가 만들어져 있어서 피험자의 의도적 조작을 체크하는 고안이 이루어져 있다), 투영법에서는 그것도 어렵다. 그런 의미에서 테스트를 받는 측이 가장 상대하기 벅찬 검사법이다.

과거에 나 자신, 로르샤하 테스트를 열심히 연구하던 시기가 있었고, 그때 테스트를 받는 측의 곤혹스러움을 자유로운 현기증 등으로 부르는 관점을 멋모르고 그대로 받아들인 둔감함을 떠올리면 지금도 식은땀이 난다.

심리테스트의 문제점이 투영법에 가장 전형적으로 나타나 있는 것은 거기에 자유롭게 던져진 전체 소재를 준비된 카테고리에 맞추어 강제로 구분 짓고 실시하는 측의 틀에 일방적으로 맞추어 해석한다는 점에 있다.

예를 들면 SCT의 어느 유형에서는 36항목의 문장이 나열되어 있다. '아버지에 관한 첫 추억은'으로 시작되어 '내가 자주 공상하는 것은' 등으로 이어지고, '무엇보다도 필요한 것은'으로 끝이 난다.

피험자는 거기에 다양한 말을 연결하는데, 그것은 최종적으로 방위성, 긍정감정, 부정감정, 소극성, 적극성, 양가성, 내향, 외향과 같은 지수로 집약된다.

물론 방위성과 부정감각, 소극성과 양가성이 너무 높은 것은 바람직하지 못하고 내향성, 외향성도 균형이 어느 정도 이루어지지 않은 경우 또한 문제가 있는 것으로 판단된다.

로르샤하 테스트에서도 그것은 똑같다. 자유로운 반응은 하나씩 하나씩 신중하게 기호화된다. 이 경우 기호화란 이른바 반응의 값매김이다. 현실적응력과 감정의 통제력, 자아의 강함 등 바람직함과 문제성을 미리 정한 척도에 끼워 맞추는 것이, 즉 기호화 작업이다.

따라서 심리테스트란 그것을 실시하는 측이 재고 싶은 심적 측면만을 일단 수량화하고 그것을 가지고 성격, 지능 등 일방적으로 이름붙이는 억압적인 또는 무례한 도구이다.

칼과 안경에 이별을

심리테스트를 둘러싼 논의에 등장하는 테마로서 다음의 세 가지가 있다.

첫번째로 과학성·객관성의 평가,

두번째로 칼처럼 사람에게 상처를 줘서는 안 되지만 편리한 도구라고 하는 사용방식론,

그리고 세번째로 인간을 이해하는 것, 사람에 대해 안다는 것은 중요하고 그것을 위한 수단으로서 귀중하다는 주장이다.

이번 절에서는 이 세 가지에 관해서 나의 생각을 피력해 보겠다.

첫번째는 지금까지 봐온 것처럼 심리테스트의 객관성이란 알고 보면 사용하는 자 측의 주관성이라는 사실이다.

두번째로 칼은 누구나가 사용할 수 있는 도구인데, 심리테스트는 일부 전문가밖에 그 정보를 갖고 있지 않은 일방적인 도구이기 때문에, 그 비유는 적절하지 않다. 그것은 일반적으로 사용방법이 알려져 있지 않고, 팔 수도 없는 비밀의 잭나이프와 같은 것이다. 그러한 칼은 독점적인 소유나 사용을 금지시키지 않으면 위험하다.

마지막으로 사람에 대해 안다는 것은 좋은 것이라는 주장에 관해서이다. 우리는 사람을 안다고 하는 말에 주의를 기울일 필요가 있

다. 서로를 안다고 하는 것은 기쁨이다. 하지만 일방적으로 내가 당신을 알았다는 말에는 불쾌할 수밖에 없다. 모르는 것이 많으면 많을수록 사람은 서로를 존중하는 법이다. 상대가 아이라고 하더라도 그것은 똑같다. 'one side mirror'로 상대방을 엿보는 형태의 아는 방식은 삼가야 한다. 그렇지 않으면 안다는 말이 값매김이라는 말로 간단하게 바뀌어버리게 된다.

나는 심리테스트라는 일방적으로 엿보는 안경과 그것에 빗대어 만든 장난감 안경이 지금 이 시대의 약자를 일방적으로 몰아넣고, 재단하고, 그리고 우리 육안의 확실함과 사람과 관계를 맺는 유연한 힘을 없애버리는 작용을 하고 있다는 것이 부정할 수 없는 사실이라고 생각한다.

5장
상담이라는 이름의 관리

심리학이라고 하면 상담이라는 말이 금방 떠오를 정도로 이 말은 현재 널리 알려졌다. 1960년 무렵 내가 대학생이던 시절에는 상담이라는 말이 그때 막 일본에 들어오기 시작해서 귀에 익숙하지 않았다. 그런데 현재는 주간지와 거리의 포스터 등에서도 자주 볼 수 있을 정도로 일반화되었다.

카운슬링(Counseling)이란 상담이라는 의미를 가진 영어로, 임상심리학 분야에서는 심리치료적인 기법을 가리키는 통칭이 되었다. 이 말은 20세기 초 미국에서 학생들의 직업진로지도를 위해 학교에 전문적인 상담계를 설치한 데서부터 시작되었다고 알려져 있는데, 미국심리학회(APA)에 의해 'Counseling Psychology'라는 명칭이 정식으로 채택된 것은 1951년의 일이다. 1957년 일본에서 그 말을 번역한 『상담심리학』이라는 책이 처음으로 출간되었으며, 또한 이 무렵부터 '비지시적 상담'이라는 이론과 실천으로 알려진 로저스(C. Rogers)의 저서가 계속해서 번역되었다. 1960년 무렵에는 상담 강좌도 열리기 시작해서 임상심리학에 발을 막 담근 나 역시 곧바로 참가하였다.

나의 상담 첫 체험

상담은 마음의 고민과 고통을 가진 사람이 상담자와의 수용적인 관계 속에서 자신을 재발견하고 자신을 회복해 가는 여정이라고 일컬어진다. 여기에 사용되는 중심 방법은 상담자가 상대방의 말을 '경청'하고, '수용'하고 '명확화'를 계속해서 다시 상대방에게 돌려준다. 그 가운데 얼어붙어 있던 마음이 열리거나 혼란한 마음 상태가 정리되는 체험은 확실하게 있다. 연수를 시작한 지 얼마 되지 않은 무렵에 나 자신도 그러한 체험을 했는데 지금도 선명하게 그때를 기억하고 있다.

대학을 막 졸업하고 나서 '함묵아동'이라고 불리는, 좀처럼 입을 열지 않는 아이의 치료를 담당하고 있었던 때의 일이다. 치료가 제대로 진행되지 않아 고민하던 나는 당시 나를 지도해주시던 T선생님에게 조언을 구했다. T선생님은 이제 갓 들어온 연수생인 나의 고민을 조용히 듣고 나의 말과 감정을 거울에 비추듯이 명확하게 하여 나에게 되돌려주었다.

그 과정에서 나는 스스로 해답을 찾기 시작하여, 상담을 시작한 1시간 후에는 완전히 문제를 해결할 수 있었다. 마침내 나는 "잘 알았습니다."라고 했는데 가만히 생각해 보니 그동안 T선생님은 한마디도 자신의 의견을 말하지 않았다. 단지 내 이야기를 경청하고, 그것을 명확화해서 내게 돌려주었을 뿐이었다. 나는 그 과정에서 스스로 답을 찾아내고 문제를 내 힘으로 해결하며 안정을 찾은 것이다. '비지시적 기법'은 확실히 이런 불가사의한 힘을 갖고 있다.

이런 힘에 놀라면서도 사실 그 당시 나는 어딘가 찝찝한 기분을 떨쳐 버릴 수가 없었다. 그 실감 또한 지금도 내 기억 속에 선명하게 살아 있다.

그것은 한마디로 표현하면 관계의 부자연스러움에 대한 찝찝함이었다. 거기에는 대화를 통해 서로를 알게 되는, 사람과 사람 관계의 기본이 결여되어 있다. 내담자는 자신을 모두 열어야 하는 입장이지만, 상담자는 자신의 개인 생활과 삶의 방식·관점을 전혀라고 해도 좋을 정도로 드러내지 않는다. 그 비일상성이 중요하다지만, 나는 그것이 일종의 관계왜곡이라고 느꼈다. 왜냐하면 앞에서 예를 들었던 나의 경험에서도, 나는 T선생님에 관해서 어느 것 하나 알지 못했고, T선생님과 관계가 더 가까워진 것도 아니었기 때문이다.

듣는 힘이 쇠퇴한 사회

과거에 '잘 들어주는 사람'이라는 말이 자주 사용되었다. 그리고 잘 들어주는 사람이 많이 있었다. '저 사람에게 상담해 보고 싶다'는 생각이 들고 마음이 끌린 사람을 찾아가 여유롭게 맛있는 차를 한 잔 대접받으며 이야기를 하다 보면 마음이 따뜻해짐을 경험하곤 하였다. 금방 고민이 해결되는 것은 아닐지라도 누군가가 함께 있어 준다는 느낌이 내일을 살아가는 힘이 되고 보탬이 되었다.

그러나 현대인은 모두 너무 바쁘다. 그리고 한 사람 한 사람이 따로따로 분리되어 있다. 그 속에서 많은 사람들이 잘 들어 주지 못하는 사람이 되어 간다. 나 자신도 그것을 자각한다. 자기 이야기만 하느라고 잘 들어주지 못하는 자신을 늘 발견하고 실망을 반복한다. 잘 들어주지 못하는 사람이 계속 증가하는 사회에서 지금 아이들도 타인의 이야기를 제대로 듣지 못하게 되었다. 사람의 삶이 부딪히는 곳에서 필수불가결한 듣는 힘을 잃어버린 사회가 진행되고 있는 것이다.

| 읽을거리 |

> 우리들이 잊고 있는 것은 아무리 담장을 높이더라도 사람들은 결국 서로가 서로의 일부가 되어 함께 햇빛을 나누며, 함께 비를 맞으며 '함께' 살아가고 있다는 사실입니다. 화폐가 중간에 들면, 쌀이 남고 소금이 부족한 사람과, 소금이 남고 쌀이 부족한 사람이 서로 만나지 않더라도 교환이 이루어집니다. 천 갈래 만 갈래 분업과 거대한 조직 그리고 거기서 생겨나는 물신성(物神性)은 사람들의 만남을 멀리 떼어놓기 때문에 '함께' 살아간다는 뜻을 깨닫기 어렵게 합니다.(『감옥으로부터의 사색』, 돌베개)

상담이라는 기술과 카운슬링 마인드라고 불리는 사조에 관심이 모이는 것은 이러한 사회상황과 관련되어 있다. 상담은 어떤 의미에서 이른바 잘 들어 주는 기법이다. 그러면 상담의 보급은 사람들의 듣는 마음과 귀를 복권하는 계기가 되었을까? 아니면 역으로 사람들은 그 지혜를 전문가에게 맡겨서 그 결과 점점 그 힘을 잃어가고 있을까? 나는 후자라고밖에 생각되지 않는다.

사람과 사람이 상호 대등하게 그리고 공동으로 문제와 사건을 해결해 가는 풍조는 거의 전멸한 것같이 보이는 현대 사회에 상담 기법이 불가결하다고 생각하는 사람들은 적지 않을 것이다. 그러나 이런 때일수록 사람과 사람의 관계 상호성과 공동성을 추구하는 것이 중요하다고 생각한다. 그리고 그런 바람을 갖는 순간 상담에 대한 새로운 물음을 제기하지 않으면 안 된다고 생각한다.

학교 속의 상담

아이들이 생활하는 공간인 학교가 관리와 경쟁의 장(場)이 된 지도 꽤 오랜 시간이 흘렀다. 생명체가 갖고 있는 예민함으로 아이들은 그 학교라는 장에서 압살되지 않기 위해 저항하고 자기를 방어한다. 그런데 어른들은 그 모습에 '교내폭력', '등교거부', '집단따돌림' 등의 이름을 붙인다.

그 학교에 국가는 상담을 도입하려는 의향을 보이고 있다. 심리학의 리더를 자처하는 일부 전문가들이 심리학자의 직업영역 확대도 꾀하면서, 정부에 압력을 행사하려는 움직임이 거기에 관련되어 있다.

임시교육심의위원회 제2차 답신은 학교에서 학생지도, 특히 상담체제의 충실・강화, 대하 및 대학원에서 상담자 양성과정의 충실, 상담자의 자격제도 등에 관한 검토 등을 전면에 내세웠다. 아이들이 보이는 문제행동의 배경에는 심각한 가정문제가 있다고 판단하고, 이러한 문제 해결을 위해서는 상담업무에 관련된 담당자의 상담 기능을 향상시킬 필요가 있다고 본다. 그리고 이 관점은 시간이 지날수록 점차적으로 구체화되고 있다.

상담기법이 고민과 고통을 가진 사람의 말에 귀를 기울이고, 그 고통의 자기해결에 힘을 빌려주는 것은 확실하다. 그러나 지금의 학교 양상 그 자체를 묻지 않고 아이들이 갖고 있는 고통의 원인을 심각한 가정문제로 보며 그 해결을 개인과 가정의 책임으로만 돌리는 것은 이상하지 않은가? 상담은 이전과 똑같이 학교 자체의 문제가 있다는 시각은 빼버리고 개인의 미흡함 혹은 미숙함에 환원시키는 역할을 담당하고 있다.

학생 입장에 좀 더 가까운 대학생들은 이 문제를 어떻게 보고 있을까? 몇몇의 목소리를 들어보자.

"지금의 학교 모습을 보면 역시 학교에는 상담자가 있는 것도 괜찮다고 생각한다. 그런데 그렇다면 우리가 생활하는 학교라는 장은 무엇인가? 서로가 삶을 공유하는 가정과 마을, 지역은 무엇인가? 누구든지 고민은 갖고 있다. 서로 고민을 나누는 친구가 있기 때문에 '그래 해낼 수 있어!'라고 하는 느낌이 드는 것이다. 특별히 설치된 고민 상담역이 있다는 것은 좀 부자연스러운 게 아닌가 싶다."

"확실히 학교에 큰 문제가 있습니다. 학교 선생님은 진학지도로 언제나 머리가 복잡합니다. '불량학생'을 정리하는 데에 삶의 보람을 느끼는 것이 아닐까 생각이 들게 하는 선생님도 있습니다. 학생들은 교사를 신뢰하지 않아요. 신뢰가 없어진 학교에 고민을 들어주는 상담 전문가를 두어도 학생이 스스로 찾아 가지는 않을 겁니다."

"교사는 교사 이전에 한 명의 인간이기를 바랍니다. 교사의 말에 그대로 따라서 공부를 열심히 하는 아이가 '좋은 학생'이라면 나는 다름 아닌 '문제아'입니다. 그런데 학교라는 장(場)의 문제를 학생 개인의 문제로 바꿔치기하는 것은 아닐까요? 살아가는 방식이 보이는 사람에게 상담하고 싶어요!"

치료되어야 할 것은 아이들이 아니라 먼저 학교이고, 아이들은 이미 오래전에 '학교적'인 것에 신뢰를 갖지 않게 되었다는 지적이 많다. 그리고 또 한 가지 다음과 같은 주장이 눈길을 끈다.

"그 사람이 어떠한 자세로 일상을 살아가고 있는가? 그때까지 그 사람이 어떠한 인생을 보내왔는가? 그것을 알 수 없는 추상적인 느낌이 드는 전문가에게 고민을 상담하는 것은 썩 내키지 않는다. 상담해 줄 사람이 있다는 것은 마음 든든한 것이기 때문에 상담을 하는 것 자체는 나쁘지 않다. 하지만 그 상담자로는 학생과 일상을 함께하는 사람이 좋다. 예를 들면 그 학교의 여러 선생님들, 식당 아주머니, 동네 아저씨 등 어쨌든 상담하는 사람을 고정하지 않는 게 좋다고 생각한다. 저 사람이라면 상담을 한번 해보고 싶다는 느낌이 중요하기 때문에."

“교류가 전혀 없었던 타인에게 깊은 고민을 상담하는 것은 부자연스럽다. 인간이란 각각의 관계성 속에서 살 수밖에 없기 때문에, 그 관계성 속에서 다양한 문제를 해결해야 한다고 생각한다. 치료해야 하는 것은 개개의 인간이 아니라 관계성이다. 한 사람을 바꾸는 것만으로는 단지 그 사람이 전체 속에 매몰될 뿐이다.”

아이들에게 상담을 제공하기 위해 학교 안에 상담실을 도입하려는 입장과 상담을 받는 입장에 있는 아이들이 느끼는 온도차가 확실히 있다는 것을 학생들의 목소리는 여실히 전해주고 있다. 사람과 사람의 관계를 주된 연구대상으로 삼아온 심리학은 사람이 사람을 연구한다는 구도상에서 보는 사람과 관찰 대상이 되는 사람, 주는 사람과 주는 것을 받는 사람의 상하관계를 띠어 왔다. 그러한 심리학을 재고하기 위해서는 그것을 받는 사람, 테스트를 받는 사람, 관찰 대상이 되는 사람의 목소리를 솔직하게 듣는 것이 필요하다.

두 자루의 칼 관리의 구도는

버스를 기다리다가 정류소 바로 앞에 있는 서점을 들여다보게 되었는데, 책장을 슬쩍 엿보니 『사람을 움직이는 카운슬링 마인드』라는 제목의 책이 눈에 들어왔다. 기업관계 코너에 진열되어 있는 그 책은 대학에 근무하는 심리학자의 작품인 것 같았다. 겉표지를 둘러싼 띠지에는 그 책이 기업 내 리더의 필독서라는 카피와 함께 다음과 같이 표기되어 있었다.

"관리직에 있는 사람은 자칫하면 책임감과 의무감 때문에 단순히 질서유지와 목표달성, 생산성 향상 쪽에만 눈을 빼앗기기 쉽습니다. 그렇기 때문에 카운슬링 마인드를 갖는 것은 관리직에게 있어서 또 하나의 '무기'입니다. 그것은 흡사 옛날 무사가 칼 두 자루를 허리에 차고 있는 것과 아주 비슷합니다. 하나보다 두 자루가 좋음은 두말할 필요가 없는 거죠."

상담이란 고통 받는 사람의 고민을 해결하고 인간을 구하기 위한 실천이라고 받아들이는 사람들에게 있어서 그것이 '사람을 움직이는 무기', 즉 부드러운 관리 도구로서의 칼이라는 시각은 의외일지도 모른다. 또한 기업 속의 상담은 별도의 것이라고 생각하는 사람이 있을지도 모른다. 그러나 내담자 중심의 '비지시적인 상담'이라 하더라도 그 배경에는 상담자와 상담자를 고용하는 사람들의 사상(이데올로기)이 반드시 존재한다. '사상'이라는 색깔을 띠지 않는 기술은 어디에도 없다. 상담은 앞서 이야기한 것처럼 기법이 부드럽고 중립적으로 보이고 인간적이다. 그렇기 때문에 더더욱 그렇게 보이도록 짜여 있는 구도와 그 배경이 되는 사상을 보기 힘든 것이다.

학교상담이 담당하는 역할과 그 상담이 움직이도록 짜인 구도, 그리고 언뜻 보기에 중립 기법이 가진 사상에 관해 통찰력 있게 구체적으로 분석한 사람이 나카지마 히로카즈(中島浩籌)이다. 나카지마는 고등학교 교사로 근무한 체험을 바탕으로 일본 교육당국이 최근 십수 년 추진해온 학교상담의 도입에 경계적·비판적이고, 교육현장에서 상담의 기능에 관해 몇 가지 문제점을 지적하고 있다.*

그중 하나가 앞에서 예로 든 기업인을 위한 책에서 언급한 것처럼 학생 관리의 두 자루 칼 설이다. 어느 학교든 생활지도부가 있다. 거기에는 대부분 체육 교사가 중요한 역할을 담당하고 학생을 엄하게 단속한다. 여기서 학생을 다루는 방식은 이른바 '매파'이다. 이것이 첫번째 칼이다.

한편 학생의 이야기를 온화하게 들어 주는 교육상담부에 소속된 상담자가 있다. 이것은 이른바 '비둘기파'이고 두 번째 칼이다. 여기서 중요한 것은 칼의 강도는 다르지만 양자 모두 학생을 '지도'하고 '관리'하기 위한 역할을 담당하기 위해 학교 안에 배치되어 있다는 것이다.

학생이 문제를 일으켰을 경우, 생활지도부와 학교상담자 사이의 엇갈림으로 인해서 분쟁이 일어나면 곤란하기 때문에, 어떤 학교에서는 다음과 같은 규칙을 정하고 있다. 즉 학생지도부에서의 징계, 지도가 끝나면 교육상담부로 학생을 보낸다. 징계를 받고 있는 동안에는 지도부의 방침과 저촉될 가능성이 있기 때문에 상담을 하지 않는다. 처분받은 학생이 피해 오더라도 딱 잘라 거절한다. 그렇지 않으면 학교 전체의 질서가 뒤죽박죽이 되기 때문이다.

나카지마는 "이것은 상담자가 학교질서를 우선시키는 측에 서 있다는 것을 여실히 보여주는 것이다."라고 그 모순을 지적하고 있다.

'첫번째 칼로 안 되면 두번째 칼로 바꾼다'라는 말처럼 학생 관리

---

*『지금, 왜 학교카운슬링인가?』, 現代書館.

에 있어 표면적으로 상대를 이해하고 상대의 측에 서려고 하는 상담이 중요한 역할을 담당하고 있다는 것을 이 예는 잘 보여주고 있다.

양과 이리 사이에서

또한 교내질서로부터 일탈한 문제 학생이 상담자에게 그것을 고백하는 경우도 있을 것이다. 그때 상담자는 어떻게 해야 할 것인가 나카지마는 묻고 있다. 상담실에서 들은 것을 절대로 외부에 누설해서는 안 되는가? 아니면 동료 교사들과 의논해야 할까? 학교 상담이 학교 조직 안에 있기에 상담자도 학교에 소속된 교사로서 움직일 수밖에 없는 것일까? 늘 이와 같은 의문이 들 수 있다. 학생 측에 서야 될까? 아니면 학교를 관리하는 쪽 입장이어야 할까?

결론부터 말하자면 상담이 과학적이고 전문적이기 때문에 중립적이며 인간적인 관계라는 생각은 환상이다. 그것은 확실히 부드러운 자세와 특성을 갖고 있지만, 그렇기 때문에 상대방을 부드럽게 붙잡아 묶어둔다는 의미에서 한층 더 상대하기 벅찬 무기가 될 수 있다.*

서두에서 예로 들었던 기업관리자를 위한 책이 '카운슬링 마인드라는 부드러운 무기를 갖고'라며 주의를 환기시키는 것을 이 사실은 잘 보여준다.

게다가 문제가 되는 것은 상담이라는 방법의 부드럽고 친절한 스타일 때문에 상담을 열심히 하면 할수록 그 문제성, 기만성을 스스로 깨닫지 못하게 되는 것이다.

---

* 『심리치료를 묻기』, 現代書館.

상담의 경우 학생을 엄격하게 단속하는 억압적인 교사들과 달리 좋은 일을 하고 있다는 의식이 자신도 모르게 내면으로 침투해 들어와, 실제로는 교묘한 관리에 가담하게 되는 구도를 상담자조차도 깨닫기가 어렵게 된다.

그러나 만약 이 구도를 자각하고, 일단 상담자 역할의 본질에 관해 문제의식을 갖게 되면 진정한 의미에서 학생 측에 서게 될 수밖에 없다. 즉 학생지도부 교사와 상담자라는 신분을 넘어서 약한 입장에 놓여 있는 학생 측에 서서 자신의 소임을 다하는 소수파 학교 교직원의 입장에 서게 되는 것이다. 그때 비로소 중립적 역할의 가면을 벗고, 단순한 상담자로부터 빠져나와 자신의 삶의 방식 자체를 묻지 않을 수 없게 된다. 이러한 상황에서 겪게 되는 고민을 나카지마는 『도망가 버린 교사의 학교론』*에서 상세하게 기술하고 있다.

스스로 이리의 성질을 자각하지 못하는 양의 얼굴을 가진 상담자는 상대가 안심하고 마음을 열어 스스로 마음 바꾸기를 하며 자발적으로 변한다는 의미에서 가장 유능한 이리가 될 수 있는 것이다.

상황의 배제와 감정의 강조

지금 상대방이 마음 바꾸기를 한다고 진술했는데 이것은 물론 클라이언트(내담자)가 단순히 회개하고 뉘우친다는 의미는 아니다. 이러한 마음 바꾸기를 지지하는 구도를 나카지마의 분석을 좀 더 빌려

* 『도망가버린 교사의 학교론』, 労動經濟社.

내 생각을 전개해 보기로 하겠다.*

상담을 하는 동안 상담자는 내담자의 말을 들으면서 그 말에 특정한 반응을 보인다. 어떻게 듣고 돌려주는가? 로저스에 의하면 무조건적인 적극적 관심과 공감적 이해를 갖고 들으며, 수용하고 비지시적으로 상대방을 대하는 것이다. 그 장 속에서 내담자는 안정을 찾고 자신의 문제에 관해 통찰을 얻게 되며, 자기실현과 인격변형으로 향하게 된다.

여기서 강조해두고 싶은 것은 상담자가 신경을 집중하는 것은 상대방 개인의 감정에 관해서이지, 그 사람이 처한 상황 전체에 관해서가 결코 아니라는 점이다.

예컨대 학교에 갈 수 없다고 고민하는 아이가 있다. 하지만 그 아이는 쇼핑을 갈 수 없거나 친구 집에 갈 수 없거나 하지는 않다. 단지 학교에 갈 수 없는 것이다. 그때 그 아이가 갈 수 없는 학교가 어떤 곳인가를 아이의 마음과 똑같이 문제 삼는 것은 아주 자연스러운 일일 것이다. 그러나 상담 장면은 문제를 내담자의 감정에 초점을 맞춘다.

"학교는 정말 숨쉬기가 힘든 곳이에요."라고 아이가 호소해도, 상담자는 "네 학교는 어떤 곳이야?"라고 묻지 않는다. 상담자는 아이가 당면한 학교가 어떠한 상황인가에 관심을 두고 있지 않기 때문이다. 상담자의 관심은 아이의 감정에 있다. "학교에 있으면 숨쉬기 어려운 모양이군요."라는 식으로, 아이가 느끼는 감정에 초점을 맞추어

* 『학교카운슬링과 교육적 커뮤니케이션』, 臨床心理學研究 27권 1호.

아이의 느낌을 명확화한 말로 되돌려 준다. 나카지마는 이것을 '상담 기능이 가진 문제설정의 바꿔치기'라고 말한다.

"학교는 숨쉬기 어려운 곳이다."라고 아이가 호소하는 것은 학교라는 환경과 거기에 있는 자신의 기분을 포함한 자신의 '생활'에 관해서이다.

그러나 아이가 발을 딛고 있는 생활 전체가 아니라 그 전체의 구성요소 중 하나인 학생의 감정에만 초점을 맞추는 것을 통해서 사태는 새롭게 만들어진다. 즉 본인의 감정이야말로 그 문제의 중심이라는 설정이 이루어지는 것이다. 상담은 내담자가 처한 상황·환경으로부터 눈을 돌리게 해서, 자신의 내면만을 보도록 자세를 바꾸게 한다. 이것이 나카지마가 말하는 '문제설정의 바꿔치기'이며, 앞에서 '마음 바꾸기'라고 쓴 것의 의미이기도 하다.

상담은 개인에게 발생하는 문제를 그 개인이 발을 딛고 있는 생활과 상황 등 전체적 시야에서 보고 해결을 도모하는 것이 아니라 내담자의 마음과 감정 변화에 의한 해결을 목표로 하고 있다. 그러한 측면이 불필요하다는 것은 아니다. 그것은 생활현실의 일부로서 중요하지만 그것이 모든 것인 것처럼 생각하게끔 만들어버리는 구도가 문제이다. 즉 그것은 현상을 고정시킨 채 내담자를 거기에 적응시켜 가는 현상긍정을 위한 기법이기 때문이다.

일본에서는 최근 20년 이상에 걸쳐서 등교를 거부하는 아이들이 증가일로에 있지만, 상담이 보급되고 전문적인 상담자를 길러내는 작업이 교육당국에 의해 이루어지고 있는 가운데 등교거부를 만들어내는 '학교' 그 자체는 전혀 바뀌지 않았다는 사실이 상담이 가진 기능의 본질을 무엇보다도 잘 보여주고 있다.

등교거부의 본질을 간파하고, 그것을 아이의 마음과 부모-아이 관계에 환원시키는 관점을 거부하고, 학교 그 자체의 양상을 묻는 계기를 만들어낸 것은 상담자를 비롯한 전문가가 아니라 아마추어인 부모들이 중심이 된 '등교거부를 생각하는 모임' 등의 활동이었다. 그 활동은 아이와 부모가 따로따로 각자 상담을 받게 되어, 부지불식간에 현상적응으로 이끌리게 되는 것을 저지하는 역할을 담당하고 있다. 즉 그것은 당사자들을 중심으로 해서 '모두가 함께 생각하기'라는 서로 간의 열린 상담활동이라고 할 수 있을 것이다. 지금 우리가 확대시켜 나가야 하는 것은 다름 아닌 이러한 종류의 활동이다.

말의 전략적인 움직임

상담은 인간적이고 민주적이기 때문에 환영받아야 할 방법임에 틀림없다는 기대가 존재하고 있다. 외부로부터 관점을 강요받지도 않고, 내담자에게 자유롭게 이야기할 수 있게끔 하는 스타일이 긍정적인 평가를 받는 요소일 것이다.

그러나 앞의 진술과 같이 상담을 장려하고 도입하려는 측은 이를 인간을 움직이기 위한 무기로 본다는 것을 잊어서는 안 된다. 다시 한 번 나카지마의 지적을 빌려 상담자의 구도를 밝혀 보기로 하자.

상담은 언어를 수단으로 한다. 상담 입문서 등에 상담은 대화에 의한 자기발견이라고 정의되어 있는 바와 같이 말을 뺀 상담은 생각할 수 없을 것이다.

대화에 의한 자기발견이라고 하는데, 어떻게 발견하는 것인지 문제가 된다. 상담의 장은 사실 자유로운 장이 아니다. 어느 방향을 향해서 자기발견의 형태가 기대되고 있다. 그것은 현상개혁이 아니라 '현상적응', '현상긍정'으로 향한다는 것을 앞에서 진술하였다.

상담이 말을 생명으로 하는 기법인 이상, 말이 가진 성질을 살펴두는 것이 필요하다. 나카지마는 프랑스 언어학자 벤베니스트(E. Benveniste)의 관점을 인용하면서 말에는 자기=주체가 자신을 표출하는 측면과 말하여진 바로 그 말에 의해 주체가 규정되어 가는 측면이라는 양면이 있다고 보았다. 그는 상담이 가진 문제는 후자의 발화된 언어에 의한 규정과 관련되어 있다고 지적한다. 즉 자유롭게 말한 언어가 상담자에 의해 정리되고, 방향 지워지고, 계속해서 자신의 내면으로 옮겨져 가고 집약되어 간다.

발화된 말(언어)은 보통 세 가지 측면을 갖는다고 나카지마는 말한다. ① 누구에게 말을 걸고 있는가?(상대방) ② 무엇을 문제로 하는가?(대상) ③ 이야기하고 있는 자기 자신.

①에는 "당신은 어떻게 생각해요?"라는 물음 등이 포함될 것이다. ②는 예를 들면 "학교라는 것은 어떤 곳일까?"이고 ③은 "나는 어떻게 하면 좋을지 모르겠다." 등이다.

그런데 상담은 ①과 ②를 삭제해버리고, ③만을 부각시킨다. 발화된 언어가 품고 있는 제요소로부터 성립하는 삼각형을 하나의 선으로 새롭게 만드는 조작을 하고 있다고 할 수 있을 것이다. 그런데 그 작업을 내담자는 물론 상담자 자신도 자각하지 못한다. 자각하지 못한다기보다는 그 작용을 보려고도 하지 않는다고 말하는 편이 나을 것이다.

일반적으로 광범위하게 이루어지고 있는 비지시적 입장(로저스 학파)의 상담자는 내담자에게 대해 "나는 그렇게 생각하지 않는다.", "나는 이런 체험을 했다." 등 자신의 일을 거의 이야기하지 않는다. 내담자가 "선생님은 어떻게 생각하십니까?"라고 물어도 "내가 어떻게 생각하는지 알고 싶은 거군요!"라고 내담자의 기분에 초점을 맞추는 방향으로 이야기를 틀거나, 그렇지 않은 경우라 하더라도 자신의 생각을 솔직하게 말하지는 않는다. 또한 예를 들면 '학교론'의 부분을 부각시켜 토론하는 경우도 없을 것이다. 즉 통상의 대화 속에 있는 대등성을 가진 부분을 없애고, ③의 '말하고 있는 주체'와 '말의 관계'만을 비대화시켜 간다.

상담이란 그러한 지식・기술을 가진 상담자와 단지 아마추어인 내담자의 상하관계에 기초한 특수한 대화 스타일이다. 그 안에서 내담자는 자신의 마음상태, 감정 부분에 초점을 맞추게 되고 그 결과 현상적응의 방향으로 이끌려 가는 것은 아닐까? 나카지마는 이러한 상담의 기술・언어행위를 언어전략이라고 부르고, 내담자가 처음에 문제 삼는 사건으로부터 관심을 다른 쪽으로 돌리게 하여, 언어와 말하는 주체의 관계로 문제를 옮겨간다고 지적하고 있다.

상담은 현대 경영자가 주목하지 않으면 안 되는 무기, 두 자루 칼 중의 하나라고 한 앞의 표현이 갖는 의미도 이렇게 해서 좀 더 명확해졌다고 생각한다. 우리가 목표로 하는 것은 상하관계에서 두 사람의 특수한 대화가 아니라 대등관계에 있는 여러 사람들에 의해 문제를 해결해 나가는 대화 스타일이다. 말이 가진 삼각형은 거기서는 붕괴되지 않는다. 제각각 자신을 이야기하고, 사건을 둘러싼 토론도 이루어지며, 말하는 사람의 기분·감정도 중요하게 여긴다. 그러한 말의 자연스러움을 키워야 한다. 언어전략이라는 눈에 보이지 않는 부드러운 칼이 우리 삶에 침투되고 있는 시대의 흐름 속에서 이 칼의 모습을 간파하고 우리 삶을 살찌우고 듣는 힘을 복권하기 위해 무엇이 필요한가를 다시 한 번 생각해봐야 할 시점이다.

자기 계발 세미나의 유행

상담이라면 사람들은 고민을 가진 사람과 환경에 잘 적응하지 못하는 사람을 위한 기법이라고 생각한다. 그러나 최근에는 상담의 사상과 기법을 응용·확대한 보다 잘 살아가기 위한 성격개조 강좌라는 것이 급속도로 붐을 일으키고 있다. 이것은 성장심리학이라는 것을 배경으로 하는데, 인간의 성장과 변화 능력을 이끌어내는 기법에 기초해서 부적응자가 아니라 정상자의 보다 높은 정상성(초정상성) 실현을 목표로 하고 있다.

슐츠(D. Schultz)는 "인간의 능력을 계발하려는 운동의 추진자는 정상성을 넘어선 바람직한 수준의 성장과 발달이 있고, 인간은 그 가능성의 모든 것을 인식하고 실현하기 위해서, 이 고수준의 성장을 추급하는 것이 필요하다."고 주장하고 있다. 다시 말하면 단순히 정서적인 병이 없다는 것만으로는 불충분하다. 신경증적, 정신병적 행동이 없다는 것만으로는 사람을 건강한 인격으로 볼 수 없다. 정서적 질환을 갖지 않는 것은 성장과 성취에 필요한 가장 기본적인 조건에 불과하다. 그 기본적인 조건 이상의 것을 추구해야 한다(『건강한 인격』, 川島書店).

'끊임없는 경쟁'이라는 말이 있는데 사람은 '끊임없는 정상성'을 추구하고 나아가야 하는 것일까? 그리고 정상성이라는 것은 도대체 무엇을 가리키는 것일까? 그것은 세상 안에서 보다 효율성이 높은 인간이 되고, 보다 강자가 되는 능력을 몸에 갖추는 것과 많은 부분 중첩된다는 느낌이 든다. 게다가 앞에서 진술한 그것을 실현하기 위한 강좌는 때로 엄청난 고액의 수강료를 요구하면서 "당신의 인격을 성장시키고 가능성을 발현시킵니다."라는 선전 문구로 많은 수강자를 모아 큰 이익을 창출하고 있다.

내가 담당한 세미나의 멤버인 U는 이 성장심리학에 기초한 기법을 비판적으로 다루는 주제로 졸업논문을 쓰려고 마음먹고 먼저 그 강좌를 이틀 동안 체험하였다. 그런데 U는 완벽히 '미라 도굴꾼이 미라가 된 것처럼(상대를 설득하려던 사람이 오히려 설득당하여, 상대의 의견에 동의해 버린 것처럼)' 이 기법에 깊게 심취해버리고 말았다. 나는 U를 놀리면서 '사랑에 빠진 아가씨'라고 했는데, U는 자신이 자유롭게 되었고 성장했다는 느낌이 가득 차서 생생하고 반짝반짝 빛나는 눈으로 세미나 멤버들에게 그 체험을 열렬히 반복해서 말하였다(그런데 그 느낌은 10일 정도 지나고 나니까 원래 상태로 돌아왔다고 나중에 이야기해주었다). 그러나 거의 모든 세미나 멤버들은 이구동성으로 의문을 제기하였다. 나 자신도 U의 뭔가 홀린 듯 심취한 모습에 놀랐고, 게다가 무섭다는 생각까지 들었다. 단지 이틀 만에 자신이 성장하였다는 느낌으로 가득 차게 만드는 기법은 도대체 어떤 것일까? 세미나에서의 뜨거운 논의는 석양이 내려앉은 교실로부터 학생식당으로 옮겨졌고 커피를 마시면서 계속되었다.

효율적인 성장에 사로잡혀서

"U는 지금까지 묶여 있던 부모와의 관계에서 해방되고 자유롭게 되었다고 말하는데, 부모와의 현실관계를 고려하지 않은 상태에서, 너 혼자 바뀌었다고 하는 것은 좀 부자연스럽다고 생각하지 않아? 그런 태도 자체가 상대방에게는 실례가 되는 게 아닌지 몰라."

K는 언제나 강렬하고 빠른 템포로 물음을 던진다.

"내게도 부모와의 갈등이라든지 사람과의 관계에서 생기는 고민이 많이 있어. 하지만 주위 사람들에게 도움을 받기도 하고, 남들에게 도움을 주기도 하는 관계 속에서 그런 고민들을 숙고하면서 자연스럽게 바꿔 가고 싶어. 너처럼 돈으로 성장을 사버리면 서로가 일상의 만남과 관계 속에서 변해간다는 것은 어떻게 되어버릴까?"

언제나 결정타 한마디를 날리는 O는 이렇게 말했다.

"너는 자신의 성장이라든지 가능성 증대라고 말하는데 결국 사회에서 필요로 하는 인간상에 보다 가까워진다는 만족감일 뿐이야, 그것은."

U는 반론한다.

"일상생활 속에서 변화하고 성장해 가는 것은 확실하지만, 보다 빨리 바뀔 수 있다면 그게 더 좋지 않을까?"

여기에 나와 다른 학생의 목소리에, 사람들의 관계를 중요시하는 관점이 녹아들어 있다고 생각한다.

온실에서 속성재배로 급하게 만들어진 야채와 과일처럼, 여유롭게 시간을 담뿍 들인 체험을 하지 않고 지식이라는 고도 레일을 타고 있는 아이들.

효율주의에 깊게 침식되어서, 더군다나 가짜의 풍요로움에 포위되어서, 뿔뿔이 흩어져 버린 우리네 삶의 모습들.

근대의 사상과 과학은 생명체에 있어 시간의 의미, 천천히 하나씩 쌓아 올라가는 시간이 가진 큰 의미를 빼앗아버렸다. 생명체가 시간을 들여서 성숙해 간다는 것의 확실함을 송두리째 뽑아버렸다. 근대과학과 기술은 사람이 사람과 자연과의 관계 속에서 변화해 가는 손에 와 닿는 느낌을 풍화시켜버렸다. 그것과 궤적을 같이한 심리학은 사람이 사람을 효율적이고 쉽게 바람직한 방향으로 바꾸는 조작적 기법을 줄곧 제공해 왔고, 그럼으로써 사람들을 심리학에 혹하게끔 만들어온 것이 아닐까? 이것은 심리학의 세계에 깊게 관계를 맺고 있는 내가 계속해서 안고 가야 할 중요한 물음이다.

6장

등교거부 - 아이들의 문화혁명

'여성 · 아이'의 위치

"세상의 상황을 바꾸고 새로운 시점을 만들어낸 것은 언제나 'NO!'라고 말하는 용기로부터였다." 여성들이 자신들을 몰아 부치는 억압 구도를 자각하고 사회의 흐름을 조금씩 바꾸어 온 것도 길고 긴 인내의 세월 속에서 'NO'라는 말을 행동으로 옮긴 것이 원동력이 되었다.

여성들이 걸어와서 어렵게 당도한 길을 아이들이 걸으려고 한다. 왜 그게 안 된단 말인가?

등교거부를 하는 아이들은 지금 학교라는 장(場)이 사람을 배려하는 것과 거리가 먼 비인간적인 곳이 되어버렸다는 데 신체와 감정 양 측면에서 모두 NO!라고 말하고 있다. 아이도 인간이다. 아이가 한 사람 몫을 온전히 해내는 사람은 아니더라도 "역시 인간이에요."라고. 아이들은 종래의 어른들이 규정지어 온 어른과 아이는 다르다는 일방적 아동관에 대해 이의를 제기한다.

얼마 전까지도 여성들이 똑같은 생각을 품고 있었다는 것을 잊지 말아야 한다. 이전에 여성들은 '한 사람 몫을 해낼 수 있는 사람'이 아니었다. "여성과 아이는 잠자코 있어.", "남성과 여성은 다르다.", "여성이 가사와 육아를 담당하는 것은 당연하다." 등등 생각해 보면 납득할 수 없는 이런 말을 계속 들어왔던 여성들 또한 아이들에 대해 똑같이 말하고 있다. 아이는 한 사람 몫을 해내는 사람이 아니니까 건방진 말을 해서는 안 된다. 어른과 아이는 다르므로 아이가 학교에 가는 것은 당연하다.

우리 내부에 단단히 들러붙어 있는 의식은 상대하기 벅차다. 우리는 마치 그것이 인간의 자연스러운 모습인 것처럼 쉽게 믿어버린다.*

여성은 아이를 낳고 키우는 사람으로 그것이 당연하고 모성애는 여성에게 특유한 것이기 때문에 그렇게 고정된 여성관을 흔들고 부수고 새롭게 여성과 남성 관계를 구축하기 위해서 여성들이 얼마만큼 많은 시행착오와 끈질긴 설득에 에너지를 쏟아 부었을까? 아이가 학교에 가는 것은 당연하다고 하는 의식과의 싸움도 그것 이상으로 힘든 것이다.

그런데 조금 생각해 보면 여성들은 아직 그래도 유리하다. 말이 강력한 도구로 작용하는 이 사회에서 싸울 수 있는 수단으로서 말을

---

* 환상에 오랫동안 길들여지면 그것은 사람들에게 있어 확고히 정당한 것으로 자리 잡게 된다. 심지어는 그것에 따르지 않으면 안 된다는 감각도 생겨나게 마련이다. 환상은 모두가 그것이 환상이라는 사실을 잊고 있는 한 환상이 될 수 있는 것이다(*The Complete Works of Friedrich Nietzsche,* New York: Russell & Russell, p. 174).

갖고 있기 때문이다. 말하고, 듣고, 쓰고, 동료의 힘과 연대하면서 여성의 말·논리·문화가 만들어지고, 시민권을 획득해왔다. 그러나 말은 쉽게 손에 들어오지 않는다. 나중에 진술하겠지만 말은 영상과 달라서 그것을 몸에 익혀 구사하기 위해 오랜 시간과 훈련을 필요로 한다. 이전에는 자기주장을 하는 여성은 건방진 여성이었다. 남성들로부터 냉정하고 논리적인 설득력을 가졌다고 인정받기 위해서 충분한 언어능력은 필수였다. 그러나 그것을 손에 넣기 위해서는 고학력의 엘리트 여성이 되어야 한다는 모순된 현실이 존재한다.

말이라는 강자의 도구를 손에 넣지 못한 여성들의 항의와 이의신청을 간단하게 봉할 수 있는 교묘한 말을 남성사회는 갖고 있다. '여성의 히스테리'라는 표현이 그것이다. 거기에는 여성은 '진지한 상대가 될 수 없다'는 억압과 차별이 들어있다. 그리고 여성들도 또한 그런 말을 듣지 않기 위해 자신을 규제할 뿐 아니라, 히스테리라는 말을 들으면 그게 불리하게 작용하니까 분노와 억울함을 참고 견딜 수밖에 없는 노릇이라고 여겨왔다.

'감정적이 되어서는 안 된다', 그것은 부끄러워해야 할 일이라는 생각은 남녀를 불문하고 어른을 자인하는 사람들 안에 깊숙이 스며들어 있다.

말을 갖고 있지 못한 불리함

이 세상에 살기 시작해서 아직 10~15년밖에 되지 않은 아이들은 난이도가 높은 언어 구조를 충분히 습득하지 못한 상태이고, 어른중심의 이 도구에 익숙해 있지도 않다. 논리성·합리성을 몸에 익히는 것을 '성숙'이라 이름 붙여 상위에 두고, 감정·직관을 '미성숙'이라 부르며 하위에 놓는 현대사회에서는 언어를 통해서 명쾌한 표현을 하지 못하는 사람의 주장은 상대해주지 않는다. 그 대표적인 존재가 아이이다.

울고 있는 아이에게 "울기만 하면 아무것도 알 수 없잖아, 왜 우는지 확실히 말해 보렴!" 하고 야단치는 엄마에게 아이는 속으로 "뭐라고 해야 좋을지 모르니까 울고 있는 거야!"라고 외치며 더 크게 운다. 이와 같은 아이의 항의와 기분의 표현이 언어수단을 통하지 않으면 모르겠다고 일괄적으로 처리되고 끝나버린다. 그리고 거의 대부분의 아이는 언어능력으로 어른을 이길 수가 없다. 언어를 구사하기 위해 필요한 '연륜'을 아이는 아직 살지 않았기 때문이다.

일본에서는 1970년대 초기 학교에서 아이들의 폭력이 불길처럼 일어났다. '교내폭력'이라 불리는 그들의 행동은 경찰이라는 '공적 폭력'의 교내도입을 통해 몇 년 내에 진정되었고 같은 무렵 아이의 문제행동의 조기발견이라는 명목 하에 성격테스트 도입이 보다 적극적으로 이루어졌다. 아이들의 파괴행동이라는 표현은 언어라는 의사소통 수단을 충분히 갖지 못한 자가 궁지에 몰린 끝에 내어 놓는 메시지라고 생각하는데, 그 행위의 의미는 받아들여지지 않고 외재적 관리에 의해 아이들은 한층 더 '학교적인 힘'에 봉쇄되고 말았다.

학교는 변하지 않은 채 그대로 있다. 학교를 운영하는 입장인 관리자·교직원들, 학교에 아이를 보내는 부모들은 '선의'라는 허울 하에 아이들에게 현재의 학교를 계속 강제하고 있다. 학교를 축으로 하는 어른들의 의식은 완전히 신앙화되어 버렸기 때문에 힘이 약한 아이들은 거기에 맞서 겨룰 수 없다. 학교적인 것이야말로 지금 아이들을 인간으로서 취급하지 않는다는 자신들의 생각을 아이들은 어른에게 전할 수가 없다. 그 길이 차단되어 있음은 자명하다. 이와 같은 사태 속에서 학교적인 것에 대한 거부반응이 생명체로서의 아이들에게 나타나는 것은 자연스러운 현상이 아닐까?

등교거부라는 행위를 통해서 아이들은 자기 자신을 스스로 구하기 위해 안간힘을 쓰는 것이다. 등교거부를 우려하는 어른들이 '고민하는 아이를 구하기 위해서' 심리치료와 생활지도를 열심히 구사하는 것은 따라서 기본적으로 빗나간 혹은 핵심을 잘못 짚은 대응인 것이다.

'등교거부 · 병론(病論)'의 위협

1991년대 초반 등교거부와 관련해 신문에 실린 내용 하나를 소개한다. 내가 보기엔 등교거부에 대한 전형적인 잘못된 관점이다. 투고자는 57세의 남성으로 「등교거부 아동에게 종합대책을 빨리」라는 제목이 붙어 있었다.

"나의 장남도 중학교, 고등학교를 등교거부하였다. 그때는 어떻게 대처하면 좋을지 고민하며 생활지도 선생님뿐만 아니라 전문상담소, 경찰, 가정재판소 등을 이리저리 돌아다녀봤지만 해결의

> 실마리조차 찾을 수 없었다. '사춘기좌절증후군'의 원인은 그 뿌리가 깊어, 전문가라도 치료가 무척 어렵다. 그렇다고 해서 방치해두면 내성이 없는 무기력한 인간이 늘어나고 일본의 장래는 어둡다. 이 병에 대한 근본적인 대응은 시간을 들여 인간으로서의 토대를 새롭게 구축하는 작업을 하는 것이다. 심리학, 의학적인 대응은 물론이고 종교, 교육, 사회복지 등 광범위하고 종합적인 대응이 필요하다. 행정은 이때 대학, 병원, 종교단체, 사회복지시설, 학원 등에 협력을 구해야 하는 것이 아닐까? 국민적인 과제로서 빨리 구체적인 대책을 세워야 하는 게 아닌가?"(『아사히신문』, 1991. 9. 25)

여기에는 "등교거부는 병이다, 한심스럽다."라는 맹목적인 시선이 있다. 이러한 등교거부 아동관이 자리 잡는 데 큰 영향을 미친 사람은 정신과의사인 이나무라 히로시(稻村博)이다. 이나무라의 『사춘기좌절증후군－현대의 국민병』(1983)과 『등교거부의 극복－속 · 사춘기좌절증후군』(1988)은 등교거부를 병리적인 사회부적응 상태의 시작이라고 보고 조기에 합숙 · 숙박 등의 방법을 포함한 치료를 시행하지 않으면 생을 비참하게 마감할 수도 있다고 말한다. 이나무라의 이러한 주장을 『아사히신문』이 1988년 9월, 석간 톱기사로 다루고 「20~30대까지 연장된 등교거부」, 「조기완치 하지 않으면 무기력증으로」, 「상담만으로는 불충분」 등과 같이 그 병리성을 강조하는 제목을 붙였다. 이 기사는 등교거부 아이들에 대한 편견을 고착시키고 부모들의 불안을 부채질하며 아이들을 한층 더 몰아붙이게 되었다. 앞에서 인용한 신문의 기고 내용도 이나무라의 관점을 그대로 답습하고 있음은 두말할 필요도 없다.

등교거부론의 계보

이나무라가 '등교거부증'이라고 이름을 붙인 것에서 엿볼 수 있듯이 등교거부가 마음의 병이라고 인식되어온 역사는 생각보다 길다. 앞에서 언급했던 신문기사에 항의하고 등교거부 아동과 그 부모들, 거기에 동조하는 사람들이 '등교거부는 병이 아니다.'는 대집회를 열게 된 것은 그 해 11월의 일이었고 그 다음해 오쿠치 케이코(奥地圭子)는 그 집회 타이틀과 같은 저서를 출판하였다. 등교거부는 병이 아니다. 학교라는 사회장치와 의식 때문에 고통을 받는 아이들이 막다른 골목에 이르게 된 억압상태를 가리키는 것이다.

그러나 앞에서 들었던 이나무라의 '병-요(要)치료'설은 학교당국, 행정, 일본 교육당국에 의해 지지되고 있고 몇몇 자치단체가 1991년 당시 일본 교육당국의 의향을 읽고 '등교거부 아동을 위한 숙박치료시설'을 만들기 위해 검토에 들어갔다. 내가 살고 있는 카와사키시에서는 '등교거부아동을 위한 숙박치료시설·건강학원'의 건설구상이 등장하고, 그 건설에 반대하는 부모·시민과 행정당국 사이에 격한 논쟁이 전개되었다. 나 자신도 '등교거부를 생각하는 카와사키 시민모임'의 멤버로서 '건강학원건설구상'에 줄곧 이의를 제기해왔는데, '등교거부 아동은 병'이라는 벗겨내기 힘든 굴레가 '아동 구하기', '다시 일어서게 하기' 등의 말과 함께 '전문가-행정' 측을 지배하고 있는 현실을 바로 옆에서 지켜보았다.

학교에 가지 않는 아이들은 미국에서 1940년대, 1950년대에 주목받기 시작하였다. 처음에 그것은 '학교공포증(school phobia)'이라고 불렸다. 학교에 가고 싶어도 갈 수 없는, 학교에 가려고 하는데 복통, 구토, 탈진 등의 신체증상을 호소하는 상태에 대해 정신과의사와 심리학자들은 한 가지 해석을 내놓았다. 그것은 '모자분리불안'이라는 개념을 통해서이다. 아이가 학교에 가는 것은 사회에 나가서 자립해 가는 여정이다. 그러나 엄마와 아이가 밀착하고, 서로 의존하고, 엄마가 아이를 붙잡아 두려 하고, 아이도 거기에 반응하여 학교에 대한 공포증이 형성된다는 주장이다.

나는 심리학이 아이들에게 발생하는 여러 문제를 엄마의 양육방식에 환원시켜서 이른바 '엄마에게 책임묻기'를 진행해온 것은 아닌가 하고 생각하고 있는데, 이 '등교거부-모자분리불안설'에도 그것이 진하게 드러나 있다. 30년도 더 되었지만 내가 교육상담 일을 하고 있을 무렵 만난 한 장면을 지금도 잊을 수 없다. 등교를 거부하는 아이와 엄마가 대기실에서 일주일에 한번 받는 치료를 위해 기다리고 있었다. 아이의 담당자가 놀이치료를 위해 아이를 부르러 갔다. 아이가 언제나 물과 모래로 놀아 손이 더러워지는 것을 아는 엄마는 "얘야, 손수건 갖고 있니?" 하며 아이를 불러 세웠고, 아이는 손수건을 가지러 돌아왔다. 그 장면을 본 정신과의사는 다음과 같이 말했다. "저것이 모자 분리불안을 보여주는 전형적인 장면입니다. 아이는 학교에 가려고 합니다. 엄마가 '기다려'라고 불러 세우고, 아이는 엄마가 있는 곳으로 돌아와 버립니다. 정말은 학교에 보내고 싶지 않은 엄마의 의중을 읽고 학교에 갈 수 없게 된 것입니다. 엄마의 행동에 그것이 상징되어 있습니다."

당사자인 엄마가 모르는 곳에서 이처럼 일방적이고 도리어 본질에서 멀어지는 판단이 이루어지고 있었다. 나 자신, 그러한 편견에 영향을 받고 아이와 부모를 봐왔던 시기가 있었다는 데 부끄러움을 느낀다.

그러나 학교공포증이라는 병명은 얼마 지나지 않아 꼬리를 감추었다. 그것은 학교에 갈 수 없는 아이가 엄청난 속도로 증가일로에 있었고, 그 양상도 다양화되었기 때문이다. 그 대신 '등교거부'라는 보다 직접적인 이름 붙이기가 시작되었다. 그 당시의 상세한 점검은 2000년 오쿠치 케이코에 의해서 『부등교 신문』에 연재되었다.

'학교공포증'과 '모자분리불안'이라는 말 자체는 꼬리를 내렸지만, 등교거부 아이와 부모를 보는 시선은 좀처럼 바뀌지 않는다. 그러나 아이들 측에 서서 학교가 아이를 억압하고 있는 사태를 지적하면서 아이와 함께하려고 하는 사람들의 실천과 발언이 착실히 축적되고 있다.

'등교거부가 병이라고 불리던 시절이 있었다.'라고 과거형으로 말할 수 있을 때를 목표로 이 흐름은 계속 탄력을 받고 있으며, 그때를 손에 넣기 위한 노력을 함께하지 않으면 안 되는 지점에 지금 우리는 서 있다고 생각한다.

누적된 참음의 표현

이러한 이야기를 사람들에게 들려주면 등교거부가 본인과 가족에게 원인이 있는 병이 아니라면 아이들에게 나타나는 증상이 무엇을 의미하는지에 대한 질문을 받게 될 것이다. 나는 이것을 '학교로부터 기인하는 고통을 너무 많이 참아왔기 때문에 발생하는 심신의 자연스러운 표현'이라고 부르고 싶다.

과잉 고통, 불쾌로부터 몸을 보호하려는 것은 생명체의 본성이다. 가장 간단한 몸의 보호방식은 거기서부터 도망가는 것인데, 그것이 어려울 때 사람은 어떻게든 참으려고 한다. 이를 스트레스의 축적이라고 부르곤 하는데, 우리 몸에는 한계라는 것이 있어서 더 이상 참을 수 없을 때 혹은 다른 무엇인가가 더해지면 증상이 드러나며, 더 이상 참을 수 없는 상태로 돌입하게 된다.

일종의 병으로 다루어지는 등교거부 아이들은 대다수 아이들이 공통으로 안고 있는 '학교스트레스'가 특정한 계기로 인해 한계를 넘어선 상태에 있는 아이들이다. 그만큼 어른중심으로 돌아가는 이 사회가 아이들에게 주입하고 있는 일상적인 학교 스트레스의 정도는 심하다.

초등학교 5학년 때부터 오랫동안 등교거부 경험을 하였던 시노하라 후미토(篠原史)는 열아홉 살이었을 때 당시 자신의 감정을 이렇게 회고하고 있다.

"그때는 아무것도 몰랐어요. 단지 어쨌든 가고 싶지 않았어요.

지금 생각해보면 교실 안에서 제 자신의 존재가 완전히 부정되고 있다는 느낌이었습니다. 우리에 갇혀 있는 느낌이라고 해야 할까요. 그러한 강한 폐쇄감 같은 것을 느끼지 않았을까요? 그런 존재의 부정이, 제가 전혀 생생하게 살아 있지 않다는 느낌을 갖게 만들었습니다. 학교에 가고 싶지 않다, 갈 수 없다, 또한 갈려고 해도 갈 수 없다라는 것은 아마도 그런 것이었다고 생각합니다. 그런 느낌을 이전부터 계속 가져온 셈이고, 다른 아이의 경우 표면적으로는 집단 따돌림을 당한다든지 선생님에게 아주 나쁜 학생으로 취급을 받을지도 모릅니다. 그런데 그것이 모든 현상의 원인인가 하는 것에 대해서는 다소 의문입니다. 그것만이 원인이라고 하면 그것이 개선되면 그 아이에게 있어서 문제가 해결될지도 모릅니다. 하지만 그 때 내가 규정한 '등교거부'는 학교에 대한 아이의 거부반응이 강했다고 생각합니다. 그 점이 큰 포인트가 아닌가 생각합니다."

어른은 전직할 수 있을까?

여기서 갑자기 이야기가 바뀌는데, 어른사회에도 '초고층빌딩증후군'이라는 것이 있다고 한다. 최근 신문에 보도되고 있는데 인간관계, 사무기기 러시 등의 스트레스에 노출된 사람들의 직장이 초고층빌딩으로 바뀌면서 높이, 기압 변화 등에 노출되는 부담이 더해져 사람들에게 숨 막힘과 현기증, 이명현상을 불러일으키는 것 같다.

이러한 종류의 이야기는 "충분히 이해가 간다." 왜냐하면 과거나 자신도 과로와 스트레스로 거의 한계에 다다랐을 무렵 자그마한 부담의 가중으로 식은땀과 숨 막힘, 빈혈상태에 빠졌던 것을 몸이 기억하고 있기 때문이다.

또한 실제로 병상에 누워서 병과 싸우고 있었던 시기, 날씨와 기압 등 자그마한 환경변화에 대해서도 신체가 매우 민감해져서 다음날의 날씨를 맞힐 수 있을 정도였다. 날씨는 기분의 좋고 나쁨에 직결되기 때문이다.

그러한 상태는 피폐한 심신에는 아주 당연한 것이지만 건강하고 힘 있는(그렇게 건강하기 때문에 일종의 둔감함을 가진) 심신으로서는 상상하기 어려운 것이다.

'증상'이 나타나기까지, 거기에 이르는 오랜 여정이 있다. 등교거부 아이들은 똑같이 학교라는 장소가 가져오는 깊고 무거운 억압을 느꼈음에 틀림없다. 등교를 거부하는 어떤 여자아이가 '등교거부 아이에 대한 앙케이트'에서 학교는 어떤 곳인가라고 물었을 때 '참는 곳'이라고 대답을 했는데 불쾌, 부자연스러움, 굴욕 등이 빚어내는 스트레스를 참다가 자그마한 부정적인 자극이 주어지게 되면 그때까지의 상태가 유지될 수 없는 경우로 돌변하게 된다.

부담의 가중 중에는 부모와의 불화와 친구의 따돌림, 그리고 교사의 질타 등이 포함되어 있을지도 모른다. 그러나 그러한 것은 원인이 아니라 '참는 곳'인 학교를 '갈 수 없는 곳'이라고 바꾸는 빌미가 된다.

앞의 '초고층빌딩증후군'을 앓고 있는 사람들은 일터가 그 빌딩으로 바뀌었기 때문에 스트레스를 느끼게 된 것이 아니라 물리적 조건이 주는 부담의 가중 때문에 스트레스가 한계를 넘어선 경우이다.

그런 의미에서는 격무에 시달리는 누구라도 그와 같은 증후군에 노출될 수 있다. 등교거부 아이들도 마찬가지로 특별한 아이가 결코 아니다. 1990년 12월 일본의 교육당국은 '학교부적응조사연구협력자회의' 중간보고에서 "등교거부는 어느 아이에게도 일어날 수 있다."는 견해를 표명하였다. 이것은 학교가 어느 아이에게 억압이 강한 장이라는 것을 공언하는 증거가 된다.

그러나 어른들은 아직 괜찮다. 일에 대한 중압의 대가로 수입을 얻고, 그 일과 직장이 자신에게 맞지 않으면 전직할 수도 있기 때문이다. 그러나 아이들은 보수를 얻는 것도 아니며, 게다가 학교를 그만둘 수도 없다. 설령 전학을 하더라도 근본적인 변화는 아니며, 자신이 있을 곳은 겨우 '학교에 갈 수 없는 아이를 치료하는 시설' 정도이다. 거기서 아이들은 자기 방에 은둔한다. 그러나 앞에서 말했던, 학교에 갈 수 없는 아이는 병이라는 사회통념, 편견이 아이들을 고통으로 몰아넣는다. 앞에서 소개한 시노하라는 그 고통이 '강박신경증'이라는 2차적 증상을 불러일으킨 과정을 다음과 같이 회고한다.

> "왜 학교에 갈 수 없게 되었는가, 그 이유가 제 자신에게 있어서 명확하게 된 것은 아닙니다. 그것은 역시 불안으로 남아 있기 때문에, 등교거부 아이들에게 일반적인 증상입니다만 어쨌든 어찌 해볼 수 없는 불안 같은 것을 안고 그 불안으로 도망가려는 필사적인 행위(시노하라의 경우 손을 계속 씻는 행위)가 강박신경증이라고 생각합니다. 즉 등교거부의 2차적 증상으로서 신경증이 발전하였다고 생각합니다."

학교에 있는 것은 고통스럽고 가지 않아도 결코 곧바로는 편할 수 없는 상태에 아이는 놓여 있다. 시노하라에 따르면 가정 내 폭력과 히스테리 반응 등을 2차적으로 드러내는 아이들도 적지 않다. 이나무라가 말하는 '20~30대까지 올라온 등교거부'의 실상을 이와 같은 시점에서 보지 않는 한 학교가 아이를 계속해서 몰아 부치는 구도는 흔들림 없이 지속될 것이다.

학교에 가는 목적이 바뀌었다

아이가 학교에 가는 의미는 시대와 함께 변화해왔다. 학교가 가진 의미 변화는 주로 미디어의 양상 변화에 의해서 이루어진다. 어른들은 그것을 거의 보려고도 하지 않은 채 지금까지 와 버린 것이 아닐까 생각한다. 아이들이 "이 이상 어른이 말하는 대로 따를 수 없다는, 그리고 이제 정도껏 해라."는 항의를 등교거부라는 형태로 제기하는 현재까지.

일본의 경우, 1872년에 공교육제도가 설치되기 이전의 일을 돌아보기로 하자. 민간교육기관이었던 이른바 서당은 읽기·쓰기·주산이 필요하다고 생각하는 사람들을 위한 장(場)으로서 존재하였다. 그런 것이 필요하지 않다고 생각한 사람들은 아이를 서당에 보내려고 생각하지도 않았다. 공교육제도가 생긴 직후, 사람들은 근대화정책의 상징 중 하나인 학교에 반감을 가졌다. 따라서 취학률이 낮았고 전국 각지에서 학교방화사건이 일어날 정도였다. 기록에 의하면 "메이지 6년 6월에 돗토리현에서 일어난 폭동은 죽창을 든 1000~2000명이 촌장과 그 밖의 집을 파괴했으며 초등학교도 2, 3곳을 방화하고, 학생에게 폭력을 행사하면서 초등학교폐지를 요청하였다." 그래서 정부는 아이를 취학시키고 싶지 않은 사람들에 대한 대책으로서 '취학배지'를 만들어 취학한 표시로 아이의 가슴에 달아주었다고 한다. 이것은 민중들이 학교를 받아들이게끔 하기 위한 외부로부터의 관리이다. 그러나 지금 '취학배지'는 사람들의 내면에 있다.[1] 따라서 학교에 가지 않는 것은 죄악이고, 학교에서 성실한 것이 아이에게 있어서도 어른에게도 중요한 의무가 되었다.

| 읽을거리 |

우리의 대상에 적용되는 '사회적'이라는 말은 중요한 의미를 갖고 있다. 무엇보다도 이 말은 넓은 의미에서 문화적인 것이 사회적이라는 것을 의미한다. 문화는 인간의 사회적 생활과 활동의 산물이기도 하다. 따라서 행동의 문화적 발달이라는 문제 제기 그 자체가 우리를 직접적으로 발달의 사회적 국면으로 이끄는 것이다. 또한 개인 유기체의 바깥에 인격 이전에 도구로서 존재해온 기호는 본질적으로 사회적 기관(organ) 혹은 사회적 수단이라는 것을 지적할 수 있다. 또한 모든 고차기능은 생물학적으로 계통발생의 역사 속에서 형성된 것이 아니라 고차정신기능의 기초가 되는 메커니즘 그 자체, 즉 사회적인 성격을 띠고 있다고 할 수 있다. 그러므로 모든 고차정신기능은 사회적 관계가 마음속에 내면화된 것이고, 인격의 사회적 구조의 기초이다. 인격의 성분, 발생적 구조, 행동양식, 요약하자면 인격의 모든 본성은 사회적이다. 정신과정으로 바뀌어도 그것은 반(quasi)은

> 사회적이다. 마르크스의 유명한 명제를 바꾸어 표현하면 인간의 심리학적 본성은 사회적 여러 관계의 총체이고, 내면으로 옮겨져서 인격이라는 말로 사용될 경우조차도 그것은 사회적 여러 관계의 총체라고 할 수 있을 것이다.(『사고와 언어』, Выготский, 뮤실레니에 이 패취)

학교는 아이 문화의 중심을 차지해버렸고 아이의 의식과 생활을 삼켜버렸다.

그러나 지금부터 많이 봐서 40여 년 전, 즉 1960년대에 들어가기까지는 아이들이 학교에 가는 것에 대해 납득하고 있었다고 생각한다. 예를 들면 나 자신이 초·중학생이었던 1950년 무렵 학교는 무엇보다도 읽기·쓰기, 즉 언어체계를 익히는 곳이었다. 보다 정확히 말하자면 정보를 얻기 위한 수단인 언어를 습득하고 익히기 위해 필요한 장소였다. 정보를 전달하는 주된 도구가 문자·활자였기 때문이다.

현재와 같이 텔레비전을 중심으로 한 영상 미디어가 없었던 시대에 정보를 손에 넣기 위해서는 먼저 신문을 읽을 수 있어야 했고, 전화가 보급되지 않은 일상에서는 편지를 쓸 수 있어야 했다. 신문을 읽을 수 없으면 곤란하고 어른이 되어서 러브레터 한 통도 못 써서는 안 된다는 것은 어른으로부터 듣지 않더라도 아이 스스로 알고 있었다. 문자·활자의 습득은 영상을 보거나 전화를 거는 것에 비교해서 훨씬 어렵고 시간을 들여서 배울 필요성이 있음은 자명하고 그것 하나만으로도 아이들에게 학교에 가는 의미가 명확하였다.

그런데 현재는 그렇지 않다. 뉴스보도는 텔레비전을 통해 쉽게 접할 수 있고 더 잘 알 수 있고 신문보다 더 빠르다. 편지보다는 전화 그리고 휴대폰과 이메일이 훨씬 편리하다. 읽기・쓰기 공부는 지금은 많은 아이들에게 있어서 생활필수품으로서의 학습이 아니라 거의 시험을 위한 도구가 되어버렸다.

사라져가는 아동기와 어른의 집착

영상을 중심으로 한 현대 뉴스 미디어의 영향을 아동기 소실이라는 중요한 관점으로 논의한 사람은 포스트만(N. Postman)이다. 그의 저작 『아이는 이제 없다-교육과 문화에 대한 경고』는 등교거부 문제를 직접 다루고 있지는 않지만 지금 어른 사회가 아이를 억압하고 있는 '아동관'을 점검하는 데 있어서 아주 풍부한 시사점을 제공해 준다.

포스트만은 "아동기란 근대 인쇄기술의 발달과 함께 만들어져서 전신・텔레비전이라고 하는 미디어의 출현에 의해 소멸되어 가고 있는 사회적 관념이다."라고 지적한다. 아동기란 15세기 중엽, 활자라는 미디어가 만들어지면서 성인기에 대응해서 출현한 것이고, 그 이전 중세기에는 아동기라는 개념은 존재하지 않았다.

> "인쇄기술이 탄생한 후 성인기는 획득되지 않으면 안 되는 것이 되었다. 그것은 생물학적으로 달성되는 것이 아니라 사회・문화

적으로 달성된다. 그들은 읽는 것을 배우고 활자의 세계에 들어감으로써 어른이 되었다. 그리고 그것을 성취하기 위해서는 학교교육이 필요하였다. 게다가 그럼으로써 아동기도 없어서는 안 되는 것으로 되어버렸다."

그런데 텔레비전의 출현과 보급은 어른과 아이의 경계를 없애버렸다. 화상의 의미를 아는 데에는 문법과 철자, 논리 학습이 거의 필요 없다. 텔레비전을 보는 데는 문자의 습득도 특별한 기능도 필요치 않다. 독자 능력에 맞게 단계별로 나와 있는 책과 다르게 영상은 거의 모든 연령에 관계없이 누구라도 이용할 수 있다. 텔레비전을 중심으로 한 비활자 미디어 환경은 아이 어른을 묻지 않고 만인에 대해서 똑같은 정보를 제공한다. 즉 우리가 실재한다고 믿고 있는 아동기는 인쇄기를 발명한 구텐베르크와 함께 시작되어 전기를 이용한 메시지 전달장치를 발명한 모르스에 의해 소멸되기 시작했다는 것이 포스트만의 주장이다.

포스트만의 논의는 충분히 설득력이 있는데, 그러면 지금 실제로는 사라져가는 아동기의 증명으로서 아이들에게 할당되어 있는 학교는 어떠한 의미를 갖고 있을까? 나는 그것이 아이라는 신분을 강제하는 장소로서 껍데기만 남아 있는 아동기를 유지하는 기능을 담당하고 있다고 생각한다. 어른이 아동기의 상실을 우려하여 그것을 유지하고 싶어 하는 것은 자신들에게 있어 이점이 있기 때문이고, 아이를 지배하고 싶은 욕망을 만족시켜주기 때문이기도 하다. 다양한 교칙, 규제, 성적지상주의에 의한 서열화와 경쟁, 성적과 성격 테스트, 생활 평가 등이 학교당국뿐만 아니라 많은 부모들에 의해서도 심정적으로 지지되고 있는 것은 어른에 의한 아이 지배에 대한 집착임에 틀림없지 않을까?

어른에 의한 아이관의 점검과 그것에 관해 새롭게 묻기를 빼고 학교를 둘러싼 제문제, 특히 등교거부 문제의 핵심에 가까이 가는 것은 불가능하다는 것을 포스트만의 지적에서 절실히 느낄 수 있다.

'부모' 위치에 있는 나에게 던져지는 물음

이 책의 앞부분에서 잠시 언급했던 아들 중 한 명이 유치원을 중퇴했다. 그리고 고등학생일 때도 4개월 정도 학교를 쉰 적이 있다. 그와 같은 일을 겪으면서 부모 입장에 있는 내가 무엇을 생각하고 어떻게 그러한 경험과 마주하였는가를 상기해 보기로 하자.

유치원 중퇴에 성공(?)한 것은 둘째아이였는데 거기에 이르기 전에 첫째아이의 유치원에 대한 저항에 직면한 것은 나에게 중요한 체험이었다. 첫째는 네 살 때 유치원에 입학하는 날부터 거의 매일 아침 심하게 울며 유치원 가는 걸 싫어하였다. 그러나 그 무렵, 유치원 가기를 싫어하는 아이는 완력을 이용해서라도 보내는 것이 결과적으로 아이에게 있어 좋은 일이고, 나중에는 아이 스스로 기꺼이 가려고 한다는 통설을 나는 믿고 있었다. 주위 사람들의 눈 때문에 식은 땀을 얼마나 흘렸는지 모를 정도였고, 아이를 억지로 통학버스에 태우는 나날이 계속되었다. 좀 지나고 나니까 아침의 그와 같은 분쟁은 거짓말처럼 없어졌다. 아이가 아무런 저항도 하지 않고 수월하게 유치원에 가게 되었기 때문이다. 그 통설이 역시 맞다고 나는 생각했다.

그러나 그것은 결코 개운한 것이 아니었다. 개운치 않은 뒷맛이 줄곧 남아 있었다. 왜냐하면 아이를 무리하게 힘으로 굴복시켰다는 것을 잘 알고 있었기 때문이다. 다른 아이들과 똑같이 즐겁게 가게 되어서 다행이라고 쉽게 생각할 수가 없었다. 아이라고는 하지만 본인에게 가장 좋은 것은 스스로가 가장 잘 알고 있고, 부모가 아이를 위해서 좋은 것이라고 결정할 수 있는 것은 아니기 때문이다.

둘째가 유치원 졸업을 몇 개월 앞두고 더 이상 유치원에 가기 싫다고 했을 때 이번에야말로 아이가 하고 싶어 하는 말을 천천히 들어주기로 했다. “왜 가고 싶지 않니?” 하고 물으니까 “유치원에 가면 처음에는 줄을 서고 그 다음에는 딱 앉아서 가슴에 손을 얹고 눈을 감고, 그 다음에 줄 서고 앞에 나와서 그러고 나면 집에 돌아가고 그래서 싫어.”

“하지만 오후에는 집에 아무도 없지 않니? 엄마도 아빠도 일하러 가야 하고 형도 학교에 가야 하고 혼자서 힘들 건데.”

“아니, 괜찮아. 혼자서 놀 수 있어. 친구가 유치원에서 돌아오면 함께 놀 수도 있고.”

그런 대화를 나누면서 나는 몇 번이나 유치원에 가보았고 가족끼리 이야기를 나눈 뒤 둘째 아들은 유치원을 그만두게 되었다.

그때도 충분히 납득한 것은 아니었다. “도중에 그만두면 부모도 아이도 평생 후회합니다.”라는 유치원 원장의 말은 오랫동안 나의 귓전을 울리고 있었다. 아이를 혼자 두는 데에 대한 불안도 있었다. 그러나 첫째를 억지로 유치원에 가게 했을 때보다 이번이 훨씬 기분이 좋았다. 아이가 스스로 결정한 것은, 나름대로 생각하고 고민한 끝에 나온 것임을 조금씩 알게 되었기 때문이다. 언제부터인가 둘째 아이와 친한 친구 두 명도 유치원을 그만두고 셋이서 놀게 되었다. 유치원에 가면 안심하고 편한 것은 부모지만, 아이 입장에서도 아이 나름의 사정이 있다. 부모는 부모의 사정을 아이는 아이의 사정을 서로 속시원하게 드러내 놓고, 서로 이해하며 살아가는 것이 당연한 것이고, 그것으로 충분하다는 것이 아이의 모습을 통해서 나의 마음 속에 절실히 들어왔다.

둘째가 고등학생이었을 때 학교에 가지 않았던 시기도 신경이 안 쓰일 수가 없었다. "가고 싶지 않으면 안 가도 괜찮지만 3분의 1 이상 결석하면 학년을 올라가는 데 장애가 있다는 이야기가 있는데, 잘 계산해서 안 가는 것 맞지?" 나는 걱정스럽게도 그렇게 물었다. "응, 괜찮아요. 잘 생각하고 있으니까!"

그런데 고등학교를 졸업하고 나서 들은 바에 의하면 "실은 4개월 쉬어버렸어! 유급은 싫었기 때문에 학년말 시험 준비할 때 평생 그렇게 해 본 적이 없을 정도로 공부를 했거든요. 그래서 꽤 좋은 성적을 받았는데 그것으로 결석을 없던 걸로 해준 것 같아요."

자신을 둘러싸고 있는 현실과 자기 자신의 생각을 어떻게든 조정하면서 아이도 살고 있는 것이었다. 누구라도 자신의 일을 가장 진지하게 생각하고 있다. 그것은 어른도 아이도 다르지 않다.

하지만 그렇다고 아이를 마치 왕처럼 취급하여, 어른이 아이에게 종속되는 것 또한 역으로 아이에 대한 굴욕이다. 어른에게는 어른의 생활 사정이, 아이에게는 아이의 그것이 있다고 서로 존중해주는 것이 중요하다. 아이는 어른보다도 약자의 입장이므로 신중하고 현명하게 반응하는 데 어른 이상으로 진지하다. 따라서 아이가 선택한 방식은 그 나름대로의 무게를 갖고 있다. 아들들과의 관계를 통해서 내가 깨달은 것은 바로 그것이었다.

내가 억지로 유치원을 다니게 한 큰 아이가 중학생이 되었을 무렵 그의 사촌동생이 똑같이 유치원 가는 것을 싫어한다는 이야기를 듣게 되었다. 그때 첫째는 "절대로 무리하게 보내지 않는 것이 좋다. 스스로 결정하는 거니까."라고 말하였다. 나는 첫째에게 "앗! 무리해서 보낸 거였구나. 미안하다."라고 사과를 하였다. "아니, 괜찮아요!"라고 첫째는 웃고 있었지만, 나는 아이가 그때 일을 가슴 속에 담고 있었다는 생각에 몸둘 바 몰라 했던 기억이 있다.

'학교에 가는 의무'라고 하는 것은

'아이는 학교에 가지 않으면 안 된다.', '부모는 아이를 학교에 보낼 의무가 있다.'는 일반적인 통념이 있다. 등교거부 아이들이 고통을 받는 것은 이 벗어던지기 힘든 사회적인 통념에 의해서이다. 이러한 통념의 배경, 특히 법률적인 배경에 관해서 잠시 검토해 보자.

모든 법률의 상위에 있는 근본법인 헌법* 에는 '교육을 받을 권리,

* 이 책에서 언급되는 법은 일본의 법조항들이다.

교육의 의무'에 관해서 다음과 같이 명시되어 있다.

"모든 국민은 법률이 정한 바에 의하여 그 능력에 따라서 똑같이 교육을 받을 권리를 갖는다."

"모든 국민은 법률이 정한 바에 의하여 그 보호하는 자녀에게 보통교육을 받게 할 의무를 진다. 의무교육은 무상으로 한다."(제26조)

여기서 발생하는 아이를 둘러싼 문제가 몇 가지 있다. 먼저 '그 능력에 따라서'가 아이들이 있을 곳 나누기와 차별을 만들어 냈다. 장애를 가졌다고 판단되는 아이에 대해 학교교육법 제22조에 따라 맹·농·양호학교 혹은 특수학급으로 나누는 근거를 제공하고, 그렇지 않은 아이들도 '능력'에 따라 변별하여 학력서열로 나누는 것이 당연하다는 아이 세계의 능력주의와 분단사상을 지지해버리고 만다.

그리고 이 조문의 2는 학교교육법의 제21조, 제39조, 제91조로 연결되어 '보호자가 자녀를 취학시키는 의무'와 '보호자의 취학의무위반의 죄'(벌금 1만 엔)를 낳았다. 이것이 앞에서 들었던 '아이가 학교에 가는 것은 의무'라는 확대해석과 사회통념을 강고하게 만들어내었다.

확대해석이라는 말을 사용했는데 법률은 보호자에 의한 아이의 취학을 의무로 규정하고 있지만, 그 학교에 아이가 등교하고 싶지 않을 때 아이의 의지를 넘어선 통학을 의무로 규정하고 있는 것은 아니다. 그것은 가능하지도 않고, 의무로 규정될 수도 없다. 따라서 아이가 학교에 가는 것이 의무라는 관점은 법률적으로도 잘못된 것이다.

소수 사람들이 만든 법률은 사람의 진실을 제압할 수 없다. '능력에 따라서'라는 말로 그 능력을 결정하는 것 또한 소수 전문가인데, 당사자의 마음과 상황은 언제나 무시되는 것이 좋을 리가 없다. 능력에 따라서가 아니라 모든 아이는 똑같이 교육을 받을 권리를 갖는다. 그리고 실제로는 아이와 부모의 희망을 존중해주어야 할 것이다.

등교거부 아이를 둘러싼 문제에 관련된 법률적인 모순의 첫번째는 아이의 의지를 전혀 고려하지 않는다는 것이다. 여기서 대상이 되는 것은 보호자의 의지뿐이다. 그러나 이것도 사람의 진실을 오해하고 있다. 그것은 아이도 인간이라는 진실이다.

아이는 부모의 로봇이 아니다. 또한 국가의 로봇은 더욱더 아니다. 아이와 어른은 실은 그렇게 다르지 않다. 아이도 자신의 감정과 의지와 자신이 놓여 있는 위치로부터 나름대로의 판단력과 결정력을 갖는다. 학교에 가고 싶지 않다거나 갈 수 없다는 아이의 입장은 당연히 있을 수 있다.

두번째 모순은 첫번째 모순과 관련되는데 아이의 인권을 둘러싼 문제이다. 법률은 아이를 한 사람 몫을 해낼 수 없는 사람으로 보호하는 부분에서는 충분히 배려하려고 하고 있다. 예를 들면 헌법 제27조 ③의 '아동은 혹사당해서는 안 된다.'와 같이. 그러나 '법 아래의 평등'에서 아이는 배제된다. 제14조에는 '모든 국민은 법 아래서 평등하고 인종, 신념, 성별, 사회적 신분에 따라서 정치적, 경제적 혹은 사회적 관계에서 차별되지 않는다.'고 명시되어 있지만, 연령에 의한 차별은 묵인된다.

즉 아이는 부모의 부속물로 취급되며 '모든 국민은'이라는 항목에 포함되는 평등한 존재가 아니다. 아이는 단지 보호되는 것이다. 물론 그 중요성은 부정할 수 없다. 그러나 보호와 차별이 늘 함께 따라다닌다는 것을 잊어서는 안 된다. 이것으로는 살아갈 수 없다고 아이가 느끼는 장(場)에 아이의 의지로 자신이 몸 둘 곳을 결정할 수 없다고 한다면 그것은 인권이 인정받지 못하는 것을 의미한다.

등교거부 아이들의 문제제기에 귀를 기울이는 것과 동시에 우리 어른은 지금 법률계 안에서도 자명한 것으로 다루어져 온 '아이보호' 주의를 '아이차별'의 시점으로부터 다시 살펴야 하는 시점에 와 있다.

그런데 심리학은 이러한 모순으로 발생하는 균열의 틈 속에 등장한다. 예를 들면 내가 살고 있는 시의 교육위원회 지도과는 나의 질문에 대해 다음과 같이 말하였다. "불취학·등교거부 문제에 관해서는 과거 큐슈의 재판에서 교육위원회가 진 판례가 있기 때문에 지금은 어디서도 강제로 지도하지 않도록 되어 있습니다." 거기서 내가 "강제로 지도하지 않지만 실제로는 교육상담의 장에서 상담자 등으로 대처하고 있죠."라고 하니까 "그렇게 말할 수 있겠네요."라는 대답이 돌아왔다.

아이와 함께 싸우는 것으로

등교거부 행위를 통해 아이들이 호소하는 것은 자신들을 한 명의 인간으로서 인정해 달라는 것이다. 학교에 가는 의미는 지금 아이들에게 친구를 만난다는 즐거움에 의해 겨우 지탱되고 있는 것이다. 그것의 의미는 크다.

그러나 학교는 친구와의 만남과 관계를 넓히고 깊게 하려는 아이의 바람을 들어주려 하지 않는다. 여름방학 동안 친구 집에서 외박과 학생끼리의 여행을 금지하는 중학교가 적지 않다. 학교가 권하는 것은 학교 범위 안에서 교사의 눈이 미치는 곳에서 똑같은 운동화를 신고 특별부활동을 열심히 하는 것이다. 관리된 집단활동이다. 거기에는 아이에 대한 뿌리 깊은 불신이 담겨 있다는 것을 아이들은 느끼고 있다. 불신의 원류는 아이를 자유롭게 놔두면 큰일이 일어난다는 생각이다. 어른들은 아이의 응석을 받아주면 안 된다는 말에 지배받고 있다.

"등교거부는 응석받이로(제멋대로) 자란 아이의 문제이다."라는 통념도 또한 뿌리 깊다. 제멋대로라는 것은 무엇인가? 아이를 자유롭게 놔두면 제멋대로가 되기 쉽다는 말에 부모들은 위축되고 염려를 안게 된다.

제멋대로인 아이, 건방진 아이, 아이답지 않은 아이라는 표현은 아이를 비난하는 대표적인 형용사이다. 그 정반대 쪽에는 '잘 참고, 순진하고, 아이다운'이라는 형용사가 자리를 차지하고 있다. 그것은 곧 힘을 가진 어른에게 종속되는 아이의 이미지이다.

제멋대로라는 말은 자기중심적인 여자에 대해서도 언제나 던져진 비난이었다는 사실을 상기해 보자. 제멋대로인 여성, 건방진 여성이라고 불리는 데 저항하면서 여성들은 자신도 한 명의 인간이라는 사실을 인정받는 것으로 되지 않았던가?

등교거부라는 행위는 아이들이 자신의 신체를 건 인간선언이 아닐까? 그것은 시대의 흐름 속에서 학교가 지식을 배우는 장으로부터 아이를 단속하는 장으로 변해버린 데에 대한 아이 측으로부터의 피할 수도 물러설 수도 없는 저항이다.

여성·아이들이 지금 이 사태에 다시 함께 맞서는 것이야말로 학교문화에 대한 아이의 문화혁명을 진행시키는 것이고, 그것은 언젠가 결실을 거둘 날이 올 것임에 틀림없다.

7장
부모-아이 관계론으로부터의 해방

아이 키우기에 대한 논의가 넘쳐나는 시대이다. 아이와 함께 생활한다는 지극히 당연한 일이 왜 이렇게 큰일이 되어버렸을까?

아이 키우기라는 말을 나는 좋아하지 않는다. 그 말 대신에 아이와 함께하기, 아이와 함께 살기라는 말을 사용하고 싶다. 그렇다고 해서 또 그러한 시대 안에 살고 있는 내가 그렇게 무 자르듯이 딱 잘라서 전자는 버리고 후자만을 선택할 수도 없는 노릇이다.

왜냐하면 다양한 어른들과 아이들의 삶의 모습이 있다는 시점 대신에 '이것이 정답이라고 하는' 부모-아이 관계, 그리고 올바른 아동상·부모상이 있다는 시점이 너무나도 빨리 그리고 깊게 세상에 침투되어 있기 때문이다. 그리고 그 시점에 심리학이라고 하는 학문은 크게 기여해 왔다.

심리학에 관해서 배우며 생각하는 한편으로 아이들과의 삶을 포함한 생활에 기초해서 심리학을 새롭게 바라보게 된 나로서는 부모

－아이를 향한 심리학의 발언과 사회적 역할이 언제나 마음에 걸린다.

그리하여 아이 키우기에 대한 논의가 넘쳐나는 이 시대에 '올바른 부모－아이 관계란 도대체 어떤 것인가?', '올바른 부모－아이상을 왜 강요하는가?'라는 형태의 논의에 어느새 참가해버리고 만 적이 있다. 좀 쓴웃음을 지으면서, 그런데 그렇다고 이야기를 안 하고는 있을 수 없는 법.

심리학이, 약한 입장에 놓여 있는 사람을 몰아붙이는 작용을 하고 있다는 사실을 놓칠 수는 없는 노릇이라고 생각하기 때문이다.

'이것이 정답이다'라는 아이 키우기의 강요

영유아의 발달진단을 할 때 신체면의 건강진단과 심리판정이 이루어지는데 있어 의학과 심리학은 지금의 육아에 큰 영향을 끼치고 있다. 아이 키우기가 제대로 이루어지고 있느냐의 여부는 의학과 심리학이 마련한 올바른 아동상·엄마상의 기준에 따라 결정된다. 다양한 아이와 부모가 있고 각양각색의 삶의 사정이 있는 일상이라는 대지 위에 자신들의 발이 닿아 있다는 사실을 잊고, '문제'가 있느냐 없느냐만이 체크된다.

| 읽을거리 |

모든 활동은 무엇인가에 대한 반응이며, 그 무엇인가에 대한 적

응이자 순응이다. 다른 것들과는 아무런 관련이 없이 순전히 자기 혼자서 일어나는 활동 같은 것은 있을 수 없다. 왜냐하면 활동은 어떠한 환경이나 상황 속에서 여러 가지 조건들과 관련을 맺는 가운데 생겨나는 것이기 때문이다.(『경험과 교육』, 원미사)

생활전체와 관련되고 이어지는 아이의 모습과 부모의 사는 방식이 한 토막의 검사·면접장면으로 잘라내어져 전문성이라 불리는 미명 하에 재단되는 이야기도 자주 듣는다.

"보건소에서 실시한 1세반 검진에서 언어발달이 늦다는 것을 지적받았습니다. 나는 책읽기를 좋아하지만, 아이를 대하는 방식에 문제가 있다고 해서 아이 안기, 이야기 걸기 등의 지도를 받으러 엄마와 아이 교실에 다니도록 권유받았습니다."라는 등의 고민을 말하는 젊은 엄마를 만나는 일도 적지 않다.

지능이 좀 떨어지는 아사코의 엄마 이와오 스미코(岩生純)는 말한다. "부모, 형제, 할아버지, 할머니, 사촌, 친구처럼 구체적인 인간관계를 갖는 사람 이외의 사람들이 왜 일방적으로 아이를 그렇게 자세히 진찰할 필요가 있는가? 그렇게 자세히 진찰해주지 않아도 된다고 나는 계속 느껴왔습니다. 정답을 추구하는 아이 키우기, 공부 잘하는 아이를 강제 받는 것이 정말 싫거든요." 이와오 스미코 씨는 이런 생각으로『괜찮아 아사코 그대로』라는 책을 펴냈다.

또 한 명의 부모, 이시카와(石川)는 말한다.

"문제를 안고 있는 사람은 오히려 본능적으로 전문가를 피한다는 느낌이 듭니다. 오히려 아무 일 없이 무럭무럭 잘 크고 있는 아이의 부모가 '괜찮아 괜찮아'라든지, '이웃 아이보다 훨씬 낫다'는 말을 듣고 싶어서 전문가를 찾는 게 아닌가 생각합니다. 그래서 그러한 사람들끼리 모이면 발달지체와 문제가 있는 아이를 배척한다고 해야 할까?"

이것은 학회지 「임상심리학연구」 26권 1호에 실린 좌담회 '일상 속의 출산, 양육을 생각하기' 속의 발언이다.

어느 아이라도 있는 그대로 괜찮다는 넉넉함과 여유로운 시선이 사라져버리고 보다 바람직한 아이상과 그것을 키워내는 바람직한 부모상에 대한 관심이 높아지고 있다. 경쟁과 분단, 그리고 배제되지 않아야 된다는 강박관념이 다른 배제를 낳는 구도가 확대되고 강화되고 있다. 그리고 지금 심리학은 개개의 전문가의 선의와 노력과는 별개 문제로서 구조적으로 앞의 도식을 지지하고 강화시키는 데 가담하고 있는 것은 아닐까 생각한다.

화가 브뤼헐(P. Brueghel)이 1560년에 그린 「아이의 놀이」는 나의 마음을 사로잡는다. 광장 한쪽에서 생기 있고 활발하게 놀고 장난치는 어른과 아이의 한 무리. 누가 아이이고 누가 어른인지 구별해내는 것도 쉽지 않다. 어른 같은 아이도 아이 같은 어른도 장애를 가진 사람도 나이 먹은 사람도 모두 함께 있을 수 있는 느긋한 광경이다. 그런 자연스러운 삶의 모습에서 벗어나 우리는 너무 멀리 온 게 아닌가?

엄마-아이의 관계를 지지하는 여러 연구

우리는 발달해 감에 따라 가정과 사회에서 여러 사람들과 관계를 갖는다. 그 속에서 좀 더 중요한 것은 엄마와의 관계이다. 특히 출생 직후부터 2세까지 엄마가 아이에게 어떤 작용을 하고 어떠한 태도와 행동으로 아이를 양육하는가는 중요하다. 그것에 의해 아이가 어떠한 행동패턴을 몸에 익히는가, 어떠한 능력을 발달시키는가 등 아이의 인지능력과 성격이 결정된다.

이와 같이 유아기의 부모-아이 관계를 결정적인 것으로 단언해서 강조하는 기사를 자주 만나게 된다. 그리고 이러한 생각은 많은 사람들이 자명한 것처럼 받아들이고 있다. '세 살까지가 특히 중요하다고 하니까', '유아기의 실패는 되돌릴 수 없다고 하니까'라고 영유아를 가진 부모들은 많든 적든 이러한 종류의 생각에 사로잡혀 있다.

심리학이 사회에 제공해온 다양한 관점 중에서 이것만큼 넓고 쉽게 세상에 침투해 있는 것은 없을지도 모른다. 그러나 정말 그 말대로일까? 등교거부 아이에 관해 종종 유아기 때부터 부모-아이 관계가 비뚤어진 것 때문에 자아형성에 문제가 발생했다는 지적이 있는데 나로서는 납득이 안 간다. 유아기 때의 경험을 절대적인 것으로 보는 배후에는 부모를 궁지로 몰아넣는 특별한 장치가 숨어 있는 것은 아닐까?

심리학이 앞에서 진술한 것과 같이 주장하는 근거로는 주로 다음의 네 가지 연구·학설이 있다. 하나는 유아기 체험을 특히 중시한 프로이트(G. Freud)의 성격이론, 두번째는 제2차 세계대전 때의 사정과 관련해서 시설에 수용된 고아들에게 광범위하게 나타나는 '발달 지체'와 '문제행동', 즉 호스피탈리즘이라 불리는 보울비(J. Bowlby)의 연구, 세번째는 할로우(H. Hallow)의 빨간털 원숭이 실험, 그리고 네번째로 로렌츠(K. Lorenz)의 비교행동학 분야에서의 각인(imprinting)이라는 개념과 더불어 소개된 '결정적 시기(critical period)'라는 관점이다. 즉 유아기 체험은 인격의 기반으로서 깊게 각인되고, 애정부족은 돌이킬 수 없는 결손을 일으키며, 중요한 시기를 놓쳐버리면 두 번 다시 메울 수 없다는 것 등이다. 아이 키우기에 성실하고 열심인 부모들이 심리학의 이러한 주장에 위협을 받는 것도 무리는 아니다.

연약한 존재인 영유아기의 아이가 강한 불안과 두려움, 불안정감에 노출되면 그것이 인생에 큰 영향을 미친다는 것은 물론 부정할 수 없을 것이다. 그러나 그것이 왜 '아이 주위의 어른, 환경'이 아니라 '엄마' 때문인가? 게다가 보울비의 연구도 그렇고 로렌츠의 보고와 할로우의 실험 역시 매우 극단적인 상황에 입각한 것이다. 즉 일반적인 가정 상황과는 동떨어져 있다. 하루 종일 거의 아무 목소리도 듣지 못하고, 안아 주는 사람도 없이 침대 위에서 우유만이 제공되고 대인자극의 극단적인 결핍이 있는 경우는 그렇다고 하더라도 부모가 있는 보통 가정상황에 그 이론을 그대로 적용하는 것은 너무 비약이 심한 게 아닌가?

'과거'로의 환원과 '현재'의 면죄

앞에서 예로 들었던 등교거부를 비롯해서 절도와 따돌림 같은 아이의 문제행동 등은 부모-아이 관계로 환원되어버리는 것이 보통이다. 그리고 부모들은 마음에 상처를 받고 스스로를 질책하면서 그것을 받아들이지 않으면 안 되는 입장에 놓이게 된다. 자신에게는 잘못이 없다고 당당하게 말할 수 있는 부모는 거의 없다. 부모-아이라는 피하기 어려운 강자-약자의 관계 속에서, 부모는 아이를 사랑하지만 때로는 아이의 양육 때문에 고민하고 실망하고, 화내고, 아이를 울리고, 상처를 주기도 한다는 사실을 잘 알고 있기 때문이다.

아이와의 만남은 결코 아름답기만 한 이야기가 아니다. 고투와 우왕좌왕하는 상황의 연속이다. 부모란 결코 자신감을 가질 수 없는 자의 대명사라고도 할 수 있을 것이다. 부모는 그러한 약점을 갖고 있다. 그 약점을 비집고 들어가는 것은 쉽다. 어릴 때의 양육방식이라는 것은 과거의 일이다. 과거의 부모-아이 관계로 아이의 문제를 환원하는 것은 현재의 사람들에게 있어 가장 무난한 방법이다. 문제라는 것은 언제나 현재의 상황에서 일어난다고 나는 생각하는데 거기에 당당히 맞서서 그것을 받아들이는 데에는 용기와 비겁하지 않음(떳떳함)이 필요하다.

누군가의 탓, 그것도 어릴 때의 엄마-아이 관계 탓으로 돌려버리면 엄마 이외의 관계자는 문제의 근원이 될 수 있는 입장에서 쉽게 도망갈 수 있다. 예를 들면 등교거부는 아이의 병이라기보다는 오히려 학교가 앓고 있는 병 때문이라는 것을 정면에 내세우는 학교관계자가 적은 것이 이러한 점을 잘 대변해준다. 어릴 때의 양육방식으로의 환원은 현재관계자와 위정자, 그리고 사회 입장에서는 가장 안전하고 편한 방법이다. 왜냐하면 책임지는 것으로부터 벗어나서 면죄되기 때문에. 심리학이 과학성과 전문성이라는 미명으로 이 구도를 지지하며 부모들을 억압해온 것은 아닐까라고 전문가이면서 부모인 나는 반문하지 않을 수 없다.

부모교육훈련: 심리학의 응용과 상품화

심리학 용어와 개념을 20여 년 전과 비교해 보면 꽤 일반화되어 사회에 침투되었다고 할 수 있다. 심리테스트와 성격테스트라는 말은 신문 · 주간지 등의 일면을 장식하며 게임화된 모습으로 대중화되었고, 상담 · 상담자라는 말도 대중화되었다.

심리학(여기서는 주로 임상심리학을 가리킨다)의 보급, 대중화는 어떤 의미에서는 환영해야 하지만, 어떤 의미에서는 문제가 있다고 나는 생각한다. 환영해야 한다는 것은 학문이 학자나 전문가의 독점물이 되어서 좋은 것은 하나도 없다고 생각하기 때문이다. 마음에 대해서 알기를 바라는 사람들과 자신의 마음이 남한테 알려지는 사람들 사이의 구분은 무섭다. 마음에 관한 정보가 누구의 손에 들어가는가를 알게 되면 자신의 마음이 남한테 알려지는 사람으로서 조작되는 위험을 방지한다. 학문 분야에서야말로 정보공개와 독점의 금지는 중요하다.

한편 심리학의 보급 · 대중화가 어떤 의미에서는 문제라는 것은 심리학적인 지식과 기술 그 자체가 반드시 좋은 것이라고는 할 수 없기 때문이다. 나는 심리학의 기법은 기본적으로 사람과 사람을 조작한다는 성질을 갖고 있다고 생각하는데, 만약 그렇다면 심리학이 이른바 상아탑으로부터 나와 조작하는 자와 조작을 당하는 자의 관계를 보다 낮게 그리고 넓게 세상에 침투시키는 상황을 초래할지도 모른다. 심리학적인 지식과 기법의 상품화가 또 다른 억압을 만들어 내는 것은 아닌가에 관해서 우리는 신중하고 엄밀하게 점검할 필요가 있을 것이다.

심리학적인 '지(知)' 기법의 상품화에 관해서 대표적인 것을 두 가지 들어보자. 하나는 자기계발을 위한 심리 세미나이고, 또 하나는 부모교육훈련 세미나이다. 둘 다 심리학의 응용 색채가 농후한 것인데 자기계발 세미나에 관해서는 상담의 장에서 이미 다루었다. 여기서는 이 장의 주제에 맞추어 부모교육 훈련에 관해 생각해보자.

부모교육훈련은 미국의 임상심리학자 고든(T. Gordon)에 의해서 1967년 무렵에 시작된 부모를 위한 트레이닝 세미나이다. 'Parent Effectiveness Training'으로부터 '부모효과훈련'이라고 번역할 수 있다. 가족의 양상이 변모하고 부모－아이 관계 때문에 힘들어하고 고민하는 사람들이 증가하는 시대, 부모로서 제대로 살아가기 위한 방법을 손에 넣고 싶다는 요구를 반영한 때문인지 일본에서도 꽤 보급이 된 것 같다.

잘 듣는다는 것은 무엇을 의미할까?

부모교육훈련은 한마디로 말하자면 아이와 원활하게 만나기 위해서 어떻게 하면 좋을까를 설명한 것이다. 거기에는 몇 가지 기본원칙, 기법이 제시되어 있다. 그것에 관해 이야기해 보겠는데, 먼저 능동적으로 듣기에 관해서 살펴보기로 하자. 아이가 부모와 이야기하거나 뭔가를 전하려 할 때 아이는 내부에 감정을 갖고 있다. 그 내부의 감정을 올바르게 해독하는 것이 능동적인 듣는 방식의 핵이라는 관점이 거기에 제시되어 있다. 한 가지 예를 들어보자.

아이: 아빠는 어렸을 때 여자아이의 어디가 마음에 들었어? 여자아이를 좋아하게 되었을 때 그 아이의 어디가 좋았었는데?

부모: 남자아이한테 인기를 얻으려면 어떻게 하면 좋을까 생각해 보고 싶은 거구나, 맞지?

아이: 그래, 남자애들은 나를 별로 좋아하지 않는 것 같아. 나는 왜 그런지 잘 모르겠어.

여기에는 상담에서 말하는 '감정의 명확화'라는 기법이 사용되고 있다. 상대방의 질문에 그대로 대응하는 것이 아니라 상대방의 기분이나 감정을 읽고 그것을 언어화하는 것이다. 그것은 어떤 의미에서 확실히 능동적으로 듣는 자세이고, 일상에서도 볼 수 있는 것이다.

그러나 아이가 선택한 표현, 그 자체의 존엄은 어디로 가버린 것일까? 아이는 확실히 지금은 완곡하게 에둘러서 질문하고 있을지도 모르지만 아버지의 체험을 물으면서 자신의 고민을 생각하는 단서로 삼고 있다. 그리고 아버지와 이야기를 해보고 싶다고 생각한다. 그러나 그러한 묻는 방식, 표현의 선택을 존중하면서 대응할 때 아이라 하더라도 지켜야 할 예의가 있다. 이 아이와 아버지의 대화를 읽은 어느 대학생이 "좋아하는 여자에게 이번 크리스마스는 어떻게 보낼 건데? 라고 물었을 때, 그녀가 '너는 나와 데이트하고 싶은 모양이구나, 맞지?'라고 대응했다면 무례함을 느꼈을 것."이라고 했는데 그렇게 느끼는 것이 당연하다고 생각한다.

부모-아이 관계의 문제는 권력관계 문제라고 바꾸어 말할 수 있을 것이다. 아이는 부모에게 양육되어 자라는 것이 현실이고, 그것은 어쩔 수 없이 아이를 약자의 위치에 두게 한다. 아이는 양육될 뿐만 아니라 어른에게 보호받고 싶다, 의지하고 싶다, 그리고 사랑받고 싶다고 강하게 바란다. 자신이 살아남기 위해서 그것이 필요하다는 것을 아이는 몸으로 알고 있다.

뭐니뭐니 해도 부모는 강자의 위치에 있다. 따라서 부모와 아이의 관계를 진지하게 생각한다는 것은, 부모가 '시대'라는 '횡축'과 '자기 생활사'라는 '종축'의 교차점에서 입게 된 '권력'이라는 옷을 몸에 두르고 있다는 사실을 자각하고 반성하는 것을 의미한다. 그런 자각과 반성의 과정에 있는 부모는 당연히 아이 키우기를 망설이고 주저하게 된다. 하지만 그러한 부모는 결국 아이와 진지하게 부딪히는 길을 택하게 되고, 그에 따라 때론 넘어지기도 하지만 다시 일어서서 자신을 바꾸어 가는 여정을 멈추지 않을 것이다.

그러면 권력성과 강자와 약자로 대변되는 부모와 아이의 이른바 상하관계와 억압관계로 치달을 수 있는 관계를 어떻게 대등한 '해방된 관계'로 바꿀 수 있을 것인가? 그것은 결코 쉬운 과제가 아니다. 그것은 '이렇게 하면 저렇게 될 것이다.' 이른바 이러이러한 양육기법과 육아법을 사용하면 아이는 틀림없이 바뀔 것이라는 단순한 도식으로 해결될 수 있는 문제가 결코 아니다. 의식할 새도 없이 우리 내부 깊숙이 침투한 그런 효율성과 스피드 그리고 형식만을 몸에 두른 도식으로 부모-아이 관계를 단순화하면 오히려 부모-아이 관계에 있어서 거짓과 가식을 무럭무럭 자라나게 하는 자양분을 제공하는 것에 불과할 것이다.[1]

내가 부모교육훈련 프로그램이 마음에 걸리는 것은 그것이 아이들과의 표면적인 대등관계에 머물러버리기 때문이다. 즉 대등이라는 부드러운 옷에 감추어진 강고한 '조작 · 권력관계'가 아닌가 하는 의문 때문이다.

| 읽을거리 |

『공부 그 삶의 여정』(서현사, 2004)이라는 책은 '공부'라는 것이 무엇인가에 대한 근본적인 질문에서 출발한다. 나에게 허락되지 않았던, 쓸모없는 것으로 치부되었던 질문으로 가득한 책이다. 공부에 관한 책이라면 『기적의 공부법』, 『1등급 맞는 법』 등 방법론에 관한 책이 베스트셀러인 현실에서 이 책이 환영받지 못하는 것은 내가 고3시절 겪었던 절망의 원인을 대변해 줄 수 있을 것이다. 효율과 속도가 중요한 사회에서 '왜'와 같은 돌아가는 물음은 비효율적인 것, 느린 것, 부정확한 것으로 평가절

하 된다. 모든 것이 '어떻게'에서 출발한다. 어떻게 누구보다 빠르게 그리고 정확하게 목표에 도달할 것인가가 중요하다. 당연히 목표를 정하는 주체는 내가 아니라 타자다. 사람들은 물음 없이 답만을 찾길 원하고 사회가 정해준 답에 복종하며 그 답을 성취하기 위해 부단히 노력한다. 그 속에서 자신을 잃어가고 불행해지고 있다. 자기 스스로의 물음이 없다면 그것이 얼마나 가치 있는 것이든 모든 것은 타성, 순종, 복종, 길들여짐이라는 수치스러운 본질을 피해갈 수 없다.(역자의 수업 과제 중 하나인 『공부 그 삶의 여정』 독후감 중에서)

벗기 어려운 교육적 시점

앞에서 인용한 딸과 아버지의 대화를 다시 한 번 더 살펴보자. "아빠가 어렸을 때 여자아이의 어디가 마음에 들었어?"라고 묻는 딸, 부모 교육훈련 세미나에 참석한 아버지는 대응한다. "남자아이한테 인기를 얻으려면 어떻게 하면 좋을까 생각해 보고 싶은 거구나, 맞지?"

상대방 물음에 직접 대응하는 것이 아니라 물음의 배후에 있는 감정에 초점을 맞추어 해독하고 그 감정으로 설정을 바꾼다. 그렇게 함으로써 딸의 관심은 남자아이의 사회와 부모의 체험이라는 바깥 세계가 아니라 자기 자신의 내면으로 향하게 된다. 상담자 역할을 한 아버지와의 대화는 계속되고 딸은 자신의 겁 많은 태도를 반성하며 '역시 이야기를 해보니까 위험을 감수하고 그것을 넘으려고 하지 않으면 안 되는 거구나.'라고 결론을 내린다.

아버지는 자신의 역할이 성공한 것에 만족하고 나음과 같이 매조

진다. "능동적으로 물어본 덕분에 딸은 건설적인 자기변혁으로 연결되는 행동을 스스로 생각해 내었다."고.

그러나 여기에는 우리가 좀처럼 벗어나기 힘든 교육적인 '위'에서부터의 시선이 있고, 아이의 문제의식을 자기 내면으로 환원시켜버리는 '조작성'이 묻혀 있다. "상담은 문제에 대한 태도를 다루는 것이고, 문제 자체를 다루어서는 안 된다."고 쓴 어느 기업 내 상담자의 글을 읽은 적이 있는데, 개인이 상황 속에서 안을 수 있는 다양한 문제를 개인의 내면 문제로 환원시키는 것이 상담의 기술이다.

개인의 마음가짐 문제로, 예컨대 '그런 선생님 참을 수 없어. 믿을 수 없을 만큼 지루해.'라는 교사에 대한 분노가 부모교육 프로그램을 통해서 '거기에 익숙해지는 것이 나을지도 몰라. 싫다고 공부하지 않으면 좋은 대학에 들어갈 만한 성적을 받을 수 없으니까 나만 손해야.'라고 결론을 내리는 것도 똑같다.

가족 안에 침투해서 부모-아이 관계에까지 상담이 적용되고 확대되는 것에 나는 두려움을 느낀다. 그 '능동적으로 들어주기'라는 가면으로 가린 일종의 '조작'으로는 사실은 아이가 도움을 받기 어렵다. 왜냐하면 표면적인 대등성 안에서는 그 기만성을 깨어 부수는 방법이 결코 없고 아이는 단지 부드럽게 그러나 철저하게 지배될 수밖에 없기 때문이다.

부모교육 프로그램의 방법 중 하나가 'I-message를 사용하기'라는 것이다. 아이에게 일방적으로 명령하지 말고, 부모도 한 명의 인간으로서 솔직하게 자신의 화와 실망 등의 감정을 전하라고 권한다.

예를 들면 "방안을 어지럽히면 안 돼!"라는 말 대신에 "깨끗한 부엌이 또 더럽혀지면 정말로 실망할거야!"와 같이 권위 있는 부모 입장에 안주해서 아이를 야단치는 것이 아니라, 한 명의 인간으로서 솔직한 것은 분명히 중요하고 훌륭한 모습이다.

그러나 효과를 노린 솔직함과 미리 계획된 솔직함은 이미 그것 자체가 자기모순이고 '솔직히'라는 말과 어울리지 않는 것은 명백하다. 부모교육훈련이라는 것이 정확히는 '부모효과훈련'의 의미를 가진다고 앞에서 진술했는데 '효과'라는 말이 얼마나 많이 등장할까? 'I-message'는 부모에게 있어 받아들이는 것이 곤란한 아이의 행동을 바꾸는 데 효과적인 기법으로, 혹은 'I-message'가 저항과 반항을 불러일으키는 경우는 많지 않다와 같이 사람을 바꾸는 전문가적 기술을 배우고 그 기술을 부모가 익혀서 상대방을 바꾸며 성장시키려는 기법이다. 부모와 아이 사이에 풍파를 일으키지 않는 현명함은 언뜻 보기엔 기분 좋을 수도 있지만, 실은 아이를 한층 깊게 기만하고 있다는 것을 절감하지 않을 수 없다.

진정한 해방인가?

젊은 부모가 어린 젖먹이를 죽였다는 신문기사를 보며 놀라곤 한다. 단발머리의 22세 여성, 몸이 약하고 아이 키우기에 자신이 없고, 울음을 그치지 않는 아이 때문에 화가 치밀어서.

밤에 우는 영아를 마룻바닥에 던져서 죽인 20세 젊은 아버지 사건을 떠오르게 한다. "내가 지금까지 아이를 죽이지 않은 것은 우연에 지나지 않는다."고 쓴 어느 여성의 글도 기억난다. 그 말은 나에게 깊은 울림으로 다가온다.

홀로 아이 키우기는 괴롭고 고통스럽다. 나 역시 과거에 아이로부터 자유로워지고 싶다는 바람을 가진 적이 있다.

이전에 아이들은 어른들의 손에서 손으로 무릎에서 무릎으로 이 사람이 안아주고 저 사람이 안아주며, 웃음소리 속에서 별 탈 없이 성장하였다. 그러나 엄마와 아이만이 있는, 부자연스러운 지금의 양상을 모성애, 부모의 자기교육, 부모교육훈련 등의 말이 덮어버린다. 개인의 자조노력, 자신만 노력하면 훌륭한 아이 키우기가 가능할 것이라고 하지만 그것은 환상일 뿐이다. 많은 젊은 엄마들은 고독한 자조노력을 기다릴 여유도 없이 강제당하고 자신의 내면에만 계속 눈을 돌리게 된다.

부모와 아이가 관련된 사건이 일어날 때마다 부모교육의 필요성을 외친다. 많은 부모들은 마치, 부모상에 정답이 있는 것처럼 생각하고 신경을 곤두세운다.

아이가 말을 듣지 않을 때, 부모 생각대로 되지 않을 때 어떠한 태도를 취해야 하는가? 위엄을 앞세워야 할까? 이해심이 많은 편이 좋은가? 등의 부모역할에 묶여서 어딘가에 부모상의 정답이 있을 것이라고 믿는 것이다.

부모교육훈련은 부모로서 잘 해나가기 위한 대응방법을 제공한다. 예를 들면 부모와 아이의 주장이 다를 때 이기고 지는 발상이 아니라 'win－win(양쪽 모두 만족하는)' 전략을 권하고 있다. 이는 부모와 아이의 대화를 통해서 해결책을 만들어내는 방법이다.

비가 오는 날, 우비를 입히려는 아버지와 체크무늬 우비는 싫다고 거부하는 딸이 있다. 아버지는 "아, 어떻게 하지. 너는 체크무늬라서 싫다고 하고, 나는 네 옷이 비에 젖어서 세탁비 내는 것도 싫고, 네가 감기에 걸리는 것도 바라지 않아. 우리 두 사람 모두 만족할 만한 대안을 생각해 보지 않겠니?"라고 말한다. 딸은 자신의 비옷 대신 엄마의 비옷을 입고 가기로 하고, 문제는 해결된다. 양쪽 모두 만족할 수 있는 방법을 찾는 열쇠는 부모가 "둘 다 모두 받아들일 수 있는 해결책을 함께 생각해 보지 않겠니?"라고 제안하는 것이라고 부모교육프로그램의 창시자는 말하고 있다.

부모들이 목표로 하는 지평은

그러나 굳이 '부모교육훈련' 테크닉을 빌리지 않더라도 사람이 서로 이야기를 나누고, 화합해서 살아간다는 것은 관계의 기본이다. 우리 어른끼리는 언제나 그렇게 해 왔고, 아이들에게도 그것을 바라고 있었다. 그것이 왜 어른과 아이 사이에서는 당연하지 않은 것이 되었는가? 왜 전문가가 제공하는 기법이 필요하게 되었을까? 그것은 부모는 훌륭하지 않으면 안 되는 존재, 미숙한 아이 위에 서 있어야 하는 사람이라는 뿌리 깊은 생각이 부모를 지배하고 있기 때문은 아닐까?

부모교육훈련은 일단 경직된 부모-아이 관계로 일원화하는 '틀'을 제공한다. 어른들과 아이들의 자연스러운 만남과 체험이 없는 상태에서 모범적인 부모–아이 관계라는 틀을 배우는 것도 의미가 있을지 모른다. '아이가 받아들이는 이야기 방식–상대방에게 생각하게 하는', 'I–message를 사용하는 솔직한 감정표현의 방식', '대립을 해결하고 양쪽 모두 만족하는 법'과 같이, 육아와 아이 키우기에 고민을 많이 한 부모일수록 어쨌든 먼저 '형태'를 덧대고 그림으로써 "아 그렇구나!"라고 안개가 걷히는 것처럼 납득하고 아이와 만나는 모범적인 방식을 찾아낼 것이라고 생각한다.

그러나 좀 삐딱하게 들릴지 모르지만 나는 '부모교육훈련' 속에서, 한층 빠져나가기 힘든 그리고 제거하기 힘든 부모–아이의 권력관계를 느낄 수밖에 없어서 마음이 편치 않다.

나는 부모교육훈련에서 표면적으로는 권력적이지 않은 형태라서 잘 보이지 않는 상하관계를 볼 수밖에 없었고, 부모의 힘을 직후에 과시하지 않는 것처럼 보이지만 실은 '부모의 고집'이 유유히 흐르고 있다는 사실을 느끼지 않을 수 없었다. 이른바 그것은 부드럽고 친절하지만 교묘하게 압도적인 아이를 지배하려는 사상과 기법으로 느껴진다.

부모는 아이와의 생활 속에서 부딪히면서 놀라 허둥지둥 친구를 찾고, 폐쇄된 관계를 바깥으로 열어 서로 고통을 나누면서 부모–아이 관계를 바꾸어 나가려고 애쓴다. 그런 과정에서 부모는 결코 영리하거나 현명하지 않다. 그러나 혼자는 아니다. 그 상황과 관계 속에서야말로 부모와 아이 관계에 구애받지 않고 자유로운 해방과 진정한 미래를 찾을 수 있다고 나는 생각한다.

제2부

서로 배우는 일상으로부터

1장
대학생들과 함께 걷기

교실의 잡담과 맞서기

시간강사로서 대학생들과 만나지도 벌써 십수 년이 되었다. 그동안 나는 임상심리학과 교육심리학 강의와 세미나를 담당해 왔다. 학생들과 만나고, 이야기를 나누고, 논의하고 실컷 노는 가운데 내게 많은 배움과 발견, 즐거움이 있었다. 거기서 느끼고 생각하고 체험한 이것저것을 독자 여러분들과 나누고 싶다.

3년쯤 전이라고 기억하는데 W대학의 백 명 정도가 듣는 대단위 수업에서 학생들의 잡담 때문에 곤란을 겪은 적이 있었다. 교실이 크다 보니 수업을 진행하는 데에 어려움을 겪을 수밖에 없는 물리적 조건이었다. 그런 공간에서는 말하는 사람과 듣는 사람의 거리가 멀기 때문에 잡담이 발생할 수밖에 없는 상황이었다.

교실의 공간구조와 빈번한 잡담은 아무래도 관계가 있는 것 같다. 교탁이 낮은 교실의 경우 듣는 사람과 마주보는 느낌으로 이야기를 할 수 있다. 그러한 교실에서 강의를 하게 되면 나도 자연스럽게 자유로운 기분이 될 수 있고 듣는 사람들도 귀를 기울이게 되어, 결과적으로 학생들의 잡담도 적었다.

그런데 대강의실에서 수업을 하게 된 해에는 학생들이 매우 산만했고, 강의를 진행하는 데 어려움을 겪었다. 나는 대학수업은 '듣고 싶은 사람이 들으면 된다'고 생각하기 때문에 출석을 부른 적이 없는데, 교실 뒤쪽까지 좌석을 채운 수강생들의 수가 수업이 진행되어도 좀처럼 줄지 않았다. 잡담 또한 끊이지 않았다. 4월에 개강해서 1개월 정도 지나서는 마치 '이 수업은 원래 이렇게 왁자지껄한 수업이다'라는 분위기가 고정되어버렸다. 강의를 진행하는 나도 괴로울 수밖에 없었다. 앞자리에 앉은 학생들도 수업이 즐거워 보이지 않았다. 어떻게든 이 난국을 타개하지 않으면 안 되었다.

5월 하순 무렵 나는 '강의 중 잡담에 관해서 생각하기'를 주제로 1회 정도 시간을 사용하기로 하였다. 내가 교단에서 일방적으로 "조용히 하세요."라고 하는 것은 학생들에게도 나에게도 아무런 의미가 없었다. 먼저 수업을 듣는 학생들은 각자 어떻게 느끼고 있을까? 일단 내가 그들의 말을 듣는 것으로부터 시작하기로 마음먹었다. 학생들에게 그 취지를 제안하고 그 테마에 관해 1주일째에는 리포트를 쓰게 하고, 2주일째에는 내가 그 내용을 소개하면서 토론을 하겠다는 취지를 전달했다.

이 수업은 주로 2학년을 대상으로 한 '교육심리학'이고 '학교교육과 심리임상'이라는 타이틀이 붙은 강의였다. 그것은 또한 교직이수를 하는 학생의 필수과목이었다. 필수과목이 적은 W대학의 커리큘럼 중에서, 교직자격과 관련하여 교육당국으로부터 내려온 틀 안에 있는 필수과목으로서의 이 수업과 교실 잡담의 관계를 나중에 학생들의 말로부터 새삼스럽게 자각하게 되었다.

'잡담을 둘러싼 논의'의 장에는 그 이야기를 들은 3학년과 4학년 학생 몇 명이 임시로 참가하였다. 이미 나와 몇 년 동안 알고 지냈던 학생들로, 친구라는 느낌을 갖게 해주는 이들이었다. 그들의 참가 동기의 첫째는 이 테마가 실은 '교육' 문제와 깊게 관련되어 있다는 것을 간파하였기 때문이고, 두번째는 지금까지 오자와 상이 던진 문제를 함께 생각하자는 우정 어린 의도였을 것이다.[1]

| 읽을거리 |

일본어에서 사람의 성 뒤에 붙이는 '상'이란 말은 어른이 아이에게 붙일 수도 있고(예컨대 초등학교 교사가 여학생에게), 아이가 어른에게 붙일 수도 있는 호칭이다. 예컨대 손아래 사람이 손위 사람에게 "~상"이라고 부른다고 해서 실례가 되는 것은 아니다. 그런데 학생은 교사를 부를 때 일반적으로 "~선생님"이라고 부른다. 여기에 나타난 것처럼, 교사를 오자와상이라 부르는 것은 오자와 선생이 학생들로부터 오자와상이라고 불리는 것을 좋아했다는 부언으로부터 알 수 있듯이 매우 특별한 경우라고 할 수 있다.

리포트의 테마는 두 가지, '여러분에게 있어서 대학 강의는 무엇인가?', '교실 내 잡담에 대한 당신의 본심'이었다. 수업시간 30분 정도를 할애해서 학생들에게 그 테마를 주제로 글을 쓰게 하였다. 두 가지 테마 모두 '내가 학생들의 생각을 듣고 싶다.'라는 취지였다. 학생들은 그동안 나에게 보이지 않았던 많은 것을 보게 해주었다. 먼저 N의 의견을 소개한다.

"오자와 상이 마이크를 사용하기 때문에 졸렸습니다. 게다가 수업 시간에 다루었던, 이름은 잘 기억나지 않지만 프랑스의 어느 철학자가 말하는 감시시스템을 답습하고 있는 것처럼 느껴져 권력으로부터 무엇인가를 듣고 있다는 느낌이 들었습니다. 제 생각으로는 교단에 서지 말고, 학생과 똑같은 공간에서 마이크를 사용하지 말고 강의를 하시는 게 좋지 않을까 생각합니다. 이 수업은 '자격'에 관련된 필수과목이기 때문에, 특별히 교사가 되고 싶다가 아니라 '교양'이라는 '자격'을 받으러 오는 사람이 대부분이라고 생각합니다. 그래서 잡담이 왜 일어날까를 고려할 경우 대학의 존재론까지 생각하지 않으면 안 된다고 생각합니다."

역시, 너무나 맞는 이야기였다. 학생의 말은 선생을 결코 태만하게 두지 않는 힘을 갖고 있다. 가르치면서 배운다는 말을 실감케 해준 감상이라고 생각한다. '아이의 일은 아이에게 들어라' 그리고 '학생의 일은 학생에게 들어라'를 체득하게 해준 학생의 귀중한 감상이었다.

잡담으로부터 공적인 말로

학생들의 잡담에 곤란을 겪고 이 문제를 생각하면서 학교 수업은 아주 기묘한 구도 위에서 이루어지고 있다는 것을 나는 새삼스럽게 자각하게 되었다.

스토리란 무엇일까? 말하는 사람이 있고, 듣는 사람이 있다. 그리고 듣는 사람이 거꾸로 이야기를 하고 싶어진다. 말하는 사람과 듣는 사람이 서로 교대한다. 그것이 가장 자연스러운 말하기의 모습이다. 이른바 회화, 대화이다.

강연처럼 일방적인 이야기 방식도 물론 있다. 예를 들면 국회의원 선거 입후보자의 가두연설은 듣고 싶은 사람만 듣는다. 더 이상 듣고 싶지 않으면 그 자리를 떠나면 된다. 이른바 참가자유의 이야기 방식이다. 이야기를 듣는 일은 본래 이 두 가지 형태의 어느 쪽에 속해 있다.

그런데 듣는 측의 의지를 무시하고 강제로 이야기를 듣게 하는 제도적인 장(場)이 하나 있다. 그것이 초·중학교와 고등학교이다. 이야기의 내용을 묻지 않고, 듣는 측의 관심 여부도 묻지 않고, 듣지 않을 자유나 그 자리에서 벗어나는 자유 또한 인정하지 않는다. 듣는 측이 이야기하는 측에 요구를 하는 것도 어렵다. 생각할 필요도 없이 이것은 기이한 구도이다. 고문이라고 말해도 좋을지 모른다. 등교거부 아이들이 만든 팸플릿 속에 '학교란 참아야 하는 곳'이라는 정의가 눈에 띄는데, 나의 무릎을 치게 만들었다. 게다가 그것은 십수 년에 걸쳐서 계속된다. 과제를 통해서 드러낸 다음 학생의 의견은 대학수업에서 잡담할 수밖에 없는 현실을 잘 보여주고 있는 것이 아닐까?

"고등학교까지, 언제나 선생님께 억압받고 조용히 지내왔습니다. 이야기를 하면 야단맞고, 움직여도 야단맞고 그래서 조용히 지내왔습니다. 대학에 오니, 이 수업은 출석도 부르지 않고, 수업에 들어오는 것도, 나가는 것도 자유이고 그러다보니 속박도 없습니다. 그런 수업을 하는 대학이라는 곳이 모두에게 반갑지 않을까요? 스스로 선택할 수 있는 자유를 처음으로 손에 넣었으니까 말이죠. 그런데 지금까지 오랫동안 억압받았기에, 그 자유를 제대로 사용할 수 있는 능력의 성장이 아직 이루어지지 않았다고 생각합니다."

"수업에 들어가지 않으면 안정이 안 됩니다. 친구하고 할 이야기가 있으면 학생 휴게실에서 실컷 이야기할 수 있지만, 고등학교까지의 습관 때문에 교실 바깥에 있으면 왠지 소외감을 느끼게 되고 교실에서 나가면 벌을 받았기 때문에 교실에서 소속감을 얻는지도 모릅니다. 그리고 사실은 교실이라는 틀 속에 있고 싶지 않다는 그 본심과 여기에 있지 않으면 안 된다는 스스로 자신을 구속하는 행위의 틈새 속에서 갈등하고 있습니다. 그 스트레스로부터 해방되려는 심리에서 잡담이 발생하는 게 아닌가 생각합니다."

'응석부리지 마라'라는 말이 어딘가에서 들려올 것 같은 감상일지도 모른다. 하지만 오랜 세월 모든 것에 대해 침묵하고 따르는 것만을 강제당하며 20세를 맞이한 사람들의 한과 같은 기분도 전해오는 것 같다. 자신의 몸과 마음을 자기 뜻대로 움직이지 못하는 초조함과 자신감의 상실도 내포되어 있다.

그런데 내 강의 또한 많은 모순을 안고 있다. 앞에서 진술한 것처럼 교직과정 필수과목이라는 테가 둘러져 있다. 학생들의 입장에서는 어떻게든 '학점'을 따야 한다. 물론 '출석'도 부르지 않고, '평가'도 하지 않는다. "듣고 싶은 사람만 들으면 된다."고 하고 지금-여기에 충실하기는 선생의 이야기를 듣는다 하더라도 단위에서 낙제를 하면* 안 된다는 생각으로부터는 벗어날 수 없다.

그러니 묶인다는 기분을 안고 어쩔 수 없이 몸만 학교에 와서는, 학교적 억압의 불쾌감으로부터 자유로울 수 없는 노릇이다. 그리고 나 역시 학점을 줘야 하는 입장으로부터 자유롭지 못하다. "잡담이라 생각하신다면 대학의 존재론까지 생각해 보아야 합니다."라는 의견은 실로 말 그대로이다. 그러나 그러한 부자유를 넘어서는 사람의 관계를 만들어내는 것이 우리에게 남겨진 숙제이다. "이 수업의 주제는 친밀해서 오자와상의 이야기와 관련된 잡담을 하는 경우도 많습니다."라는 감상이 꽤 있었다. 그렇다면 '잡담'을 '공식적인 말'로 바꾸어서 교실을 활발한 토론의 장으로 만들어 나가는 방법을 고안하면 된다.

이렇게 해서 우리는 '잡담'으로부터 '학교론'으로 시야를 넓혔다.

---

* 일본대학은 한국과 달리 '학점' 대신에 '단위'라는 표현을 쓴다. 따라서 A, B, C와 같은 서열화된 학점이 중요한 게 아니라 자신이 수강한 과목을 패스했느냐 아니냐가 중요하다.

마이크 사용을 그만두고 교단에서 내려와, 때로는 비어 있는 의자에 걸터앉아 대강의실을 대화의 장으로 만들려고 하는 나의 의욕도 지금보다 한층 강해졌다. 그 이후로는 잡담으로 인해 수업진행에 곤란을 겪는 경우는 없다. 이것이 학교적인 것의 억압으로부터 해방을 보여주는 것일까? 아니면 더 고약한 억압이 되고 있는 것은 아닐까 라고 망설이면서 올해도 새로운 만남의 장을 연다.

'장애' 재고하기

난청이 있는 Y, 눈이 보이지 않는 K와 S, 중증 뇌성마비인 A, 휠체어를 사용하는 사람들. W대학은 다른 대학과 비교해서 장애학생이 많다. 규모가 작은 이 대학에는 장애인을 위한 특별한 시설이 거의 없다. 엘리베이터도 설치되어 있지 않아 주위에 있는 사람들이 도와주어야만 계단을 올라가는 형편이다. 왜냐하면 장애인용으로 준비된 공간은 사람이 있을 곳을 나누기 때문에 그것은 곧바로 차별로 연결된다.

장애인용 시설에 관해 대학 안에서는 늘 논의가 있는 것 같다. 교수와 학생들 모두 활발한 논의를 통해, '가능하면 사람을 나누지 않기' 방침이 이전부터 관철되어 왔다는 것을 알고 있다. 그 자세에 나는 완전히 공감한다. 장애를 가진 그들로부터 얼마나 많은 것을 배웠는지 말로 다 할 수가 없다.

이 대학에서 강의를 맡은 지 벌써 십수 년이 흘렀다. 강의를 막 시작하였을 무렵에는 지금보다 훨씬 더 많은 장애학생들이 있었다.

강의 첫날의 장면을 지금도 선명하게 기억하고 있다. 그것은 뇌성마비를 가진 A와의 만남이었다.

세미나 첫날 신규강사였던 나는 자기소개를 하고 난 뒤에 학생들에게 한 명씩 자신의 이야기를 들려달라고 하였다. 왜 이 세미나를 듣게 되었는지 그리고 이 세미나에서 무엇을 배우고 싶은지를.

A차례가 왔다. 그런데 무슨 말을 하는지 알아들을 수가 없었다. 이름을 이야기하고 있다는 정도는 알겠는데 그때까지 뇌성마비를 가진 사람과 만난 적이 없었던 나로서는 안타깝게도 그의 이름조차 알아들을 수 없었다. "미안합니다. 한 번 더 말해주세요."를 몇 번이나 반복하였다. 이름을 알아들을 수 있을 때까지 몇 분이나 걸렸을까? 안타까움과 초조함으로 손에 땀이 배일 정도였다. 주위 학생들은 거의 A의 친구이기 때문에 당연히 그를 잘 알고 있었지만, 대변해주거나 통역하는 사람은 아무도 없었다. 모두 당연한 얼굴로 잠자코 기다리고 있었다. 그 순간 나는 왜 아무도 도와주지 않는 것인지 궁금했다. 내가 '모르고 있었던 것'이라고 깊게 반성한 것은 나중 일이다. A가 나를 향해서 분명히 이야기를 하고 있기 때문에 '통역'하는 것은 다름 아닌 그에게 무례함으로 다가갈 수 있다.

3개월 후, 나는 A와 전화로도 이야기를 할 수 있게 되었다. 익숙해진다는 것이 중요하다는 생각을 갖게 되었다기보다는 익숙하지 않은 것, 즉 만날 기회가 없다는 것이 얼마나 큰 문제인가라는 것을 자각하게 되었다. A의 친구들과 똑같이 나도 언제부터인가 A와 자연스레 이야기할 수 있게 되었다. 물론 한 번에 알아들을 수 없어 다시 묻는 경우가 종종 있긴 하지만 그런 모습이야말로 나와 A의 자연스러운 만남의 모습이다. 처음에 통역이 개입되었다면 얼마나 그에게 큰 무례함이 되었을까? 그리고 아마도 보통 사람과 사람의 만남이 아닌 왜곡된 관계로 변질되어버렸을지도 모른다.

장애란 개인의 문제가 아니라 관계의 문제임을 확실히 알게 된 것은 A를 통해서이다. 사람이 있는 곳을 나누어 만남을 도외시 하는 곳에서 장애 개념이 만들어지고 고정된다. 한편 만남을 깊게 하면 장애는 녹아 사라진다. 언어장애가 무거운 A가 아니라 그냥 A가 되면서 풍요로움이 이런 것이 아닐까라고 생각하게 되었다.

앞을 보지 못하는 학생인 K와 S의 일도 잊어버릴 수가 없다. 흑판에 판서를 하면서 나도 모르게 '여기에'라든지 '저기에 쓰여 있는대로'라고 하면 "지시어를 사용하지 말아주세요."라는 말이 날라 온다. 지시어는 보이는 사람들의 독선적인 말이다. 또한 마이크로 입을 가리게 되면 듣지 못하는 사람이 곤란해진다. 왜냐하면 그들은 '독순술'(입모양을 보고 상대방의 말의 의미를 판단하는 행위)로 커뮤니케이션을 하기 때문이다. 눈과 귀를 사용하지 않는 사람과 함께함을 의식하고 행위를 하면서 좁고 고정되어 있던 자신이 열리고 넓어지는 것은 기쁜 일이다.

문을 열고 닫을 때 자신만을 생각하는 것이 아니라 휠체어와 보조 지팡이를 사용하는 누군가가 뒤따라오지 않는지 돌아보는 습관도 생기게 되었다.

보지 못하는 학생인 S는 언젠가 나의 손을 잡고 "이렇게 만져보면 키가 어느 정도이고 어떤 느낌의 사람인지 알 수 있어요."라고 말했다. '이렇게 살을 맞대는 것만으로도 많은 메시지가 서로 전해지며 또 하나의 세계가 넓어지는 거구나'라고 생각했다. '좋은 아침'이라며 S에게 손을 맡기는 것은 좋은 느낌이었다.

정상과 이상, 보통과 장애라는 내 안의 고정적인 틀을 느긋하게 녹여서 자연스러운 세계를 넓히는 확실함, 넉넉함을 전해준 그들의 모습과 말은 언제나 따뜻하고 그립다.

학교를 돌아보기

교육심리학을 수강하는 학생의 태반은 교직을 의식하고 있다. 실제로 교사가 되는지 아닌지는 한참 후의 이야기라고 하더라도 적어도 교직에 관심을 갖고 있는 사람들이다. 내 강의는 '발달론', '학습이론', '등교거부'와 '장애아' 등을 둘러싼 심리임상론 등인데 개강 첫날 수강생들에게 늘 물어보는 것이 하나 있다. 그것은 '여러분에게 있어서 지금까지 학교라는 것은 무엇인가? 무엇 때문에 학교를 계속 다녔는가?'라는 물음이다.

강의방법은 여러 가지이지만 나는 늘 학교론을 기저에 두고 강의를 진행한다. 교사가 되어 학교현장에 나가는 사람들에게 있어서 학교론이야말로 가장 중요한 테마라고 생각하기 때문이다.

대학생이라는 위치는 1층과 2층에 사이에 있는 층계참과 같은 것이다. '학생'과 '선생' 사이, '아동'과 '성인' 사이, '교육받는 자'와

'교육하는 자' 사이에서 살고 있던 사람들은 지금까지 몸을 두어왔던 1층의 모습을 누구보다도 잘 알고 있다. 조금 전까지 있었던 장소 그리고 조금 높은 곳에서 그 장소를 바라볼 수도 있다. 그리고 지금부터 몸을 옮겨야 할 2층 분위기도 전해져 온다. 그 독자적인 위치, 자신의 몸 둘 곳을 소중히 여기고 충분히 살리는 것이 나의 바람이다. 교사를 목표로 하는 사람들에게 학생이었던 자신의 다양한 체험을 '대상화'해서 간직해 두는 것은 필수불가결한 과제이다.

아이였을 때 자신이 희망했던 것, 하고 싶지 않았던 것, 괴로웠던 것, 교사나 어른에 대해 느꼈던 것, 그리고 자신에게 학교란 어떤 곳이었을까? 학교가 어떤 모습이기를 바라고 있었던가? 학생이라고 불리는 시기를 마친 시점에서 그것을 정리하고 언어화해서 몸에 새겨두었으면 한다. 그러한 것을 잊지 않고 늘 갖고 있으면서 아이의 입장에 서는 교사가 되었으면 한다. 학교 그리고 아이와 어른의 관계를 조금씩이라도 넉넉하고 여유로운 방향으로 바꾸어 가기 위해 도움이 되는 수업을 하려는 작은 바람을 품고 있었으면 하고 소망한다.

그런데 '자신에게 학교란 어떤 곳이었는가?'라는 물음에 대한 학생들의 정의가 아주 흥미로웠다. '공부하는 곳'이라는 답은 나오지 않았다. 크게 나누면 그것은 다음의 다섯 가지가 되지 않을까 싶다.

· 친구와의 교류의 장

친구가 있기 때문에 간다(그것이 없다면 학교는 거의 의미를 갖지 못한다고 쓴 사람이 압도적으로 많다). 좋아하는 많은 아이들을 만날 수 있다. 친구가 없으면 나는 살 수 없다. 급식이 즐거워서 간다. 아이들의 사교장.

· 있어야 할 정해진 곳

다른 데 갈 곳이 없다. 거기에 있으면 안전한 신분증명을 받을 수 있다. 모두 가기 때문에, 아이가 사는 장소. 아이가 오후에 있을 곳.

· 가지 않으면 야단맞는 장소

부모의 눈치. 가지 않으면 느끼게 되는 죄책감. 부모에게 걱정을 끼치고 싶지 않다. 가지 않으면 아웃사이더가 되어버린다.

· 자신을 확인하는 장소

자신을 사회 속에서 상대적으로 파악하는 장소. 사람과 자신의 차이를 찾는 곳. 하고 싶은 것을 찾는 곳. 자신을 형성하기. 사람과의 만남을 배우고 훈련하는 장.

· 상급학교로 가는 자격을 얻는 장소

졸업하기 위해 간다. 취직에 유리하기 위해서. 아직 일하고 싶지 않기 때문에 상급학교로 가기 위해서.

이렇게 보면 지금 학교라는 곳은 세 얼굴을 가진 장(場)이라는 사실을 알 수 있다. 먼저 표면적인 것으로 '공부하는 곳', 실태로서의 '인간선별의 장', '아이의 값 매기기 공간' 그리고 아이의 바람으로서 '친구와 함께하는 삶의 장'이다.

학교는 아이가 오후에 있어야 할 곳이라는 체화된 지식을 갖고 있는 아이들이 학교를 거부할 수밖에 없게 된 지금의 사정은 아이의 강한 바람인 '친구와 교류의 장'으로서의 학교가 숨이 끊어진 상태가 되어버려서 그런 것은 아닐까?

'학교에서 얻은 것, 잃어버린 것'에 대해 물음을 던진 적이 있다. 그 대답은 내게 큰 충격을 주었다. '얻은 것=친구, 인내심, 단념, 무난한 답을 하는 기술, 무관심, 자신을 보통같이 보이는 기술, 부끄러움 등등'

'잃은 것=자신, 개성, 어른에 대한 신뢰, 적극성, 비판하려는 마음, 자신감, 공부에 대한 추구, 의문을 갖고 질문하는 것, 자기다움, 사람의 좋고 나쁨을 보는 눈, 화, 자주성, 자유로운 시간, 많은 돈 등등'

학교란 무엇인가, 어떤 모습으로 있어야 하는가? 조금 전까지 학생·아이였던 사람들의 생각을 배우고 올해도 학교의 미래를 여는 시점을 구하며 학생들과 같이 생각해 보고 싶다.

M의 연인

수년 만에 M과 만났다. 대학을 졸업하고 6년이 지난 후였다. 올해 서른 살이 된 M은 매스컴 관련 업계에서 카메라맨으로 일한다고 한다. 학생시절과 비교해서 전혀 다른 다부진 체격 때문에 놀랐다. "육체노동이라 말이죠."라고 그는 웃고, 나는 "업계의 분위기를 그대로 느낄 수 있을 것 같아."라고 놀렸다.

"동유럽에 일을 하러 갔습니다. 그때 체코인 여자친구가 생겨 아주 행복한 나머지 선생님이라면 틀림없이 기뻐해주실 거라고 생각이 들었어요. 만나주시겠습니까?"라고 전화가 걸려 온 것이 보름 전이었다. "주책없이 늘어놓는 자랑 들어주는 일은 요금이 비싼데."라고 화답하며 오랜만에 재회하였다.

M은 대학 2학년부터 3년 간 내 강의와 세미나를 듣고, 졸업논문 지도도 나에게 받았기 때문에 인연이 깊은 학생이었다. 처음으로 사적인 이야기를 나눈 것은 그가 3학년 무렵이었고, 역의 플랫폼에서였다. 혼자 기차를 기다리고 있던 그가 곁을 지나가는 내게 말을 걸었다. 그는 갑자기 "선생님의 고향은 어떤 곳입니까?"라고 물었다. "저는 아버지 일 때문에 어릴 때부터 각지를 전전했기에 고향이라고 부를 수 있는 곳이 없어요. 그게 제게는 뭔가 부족하다는 느낌으로 남아서 언제나 머리를 떠나지 않아요." "나도 고향이라고 해봤자 특별한 게 없어. 태어나서 지금까지 벌써 15회 이상 이사를 해서, 살았던 곳은 각각 그립지만 말이야." 그런 이야기를 나누었다.

오늘의 M의 이야기는 이러했다.

> "지금도 그때의 일을 잘 기억하고 있습니다. 나와 똑같은 사람이 있구나, 하고 뭔가 마음의 응어리가 풀려 개운해졌다고 해야 할까요. 고향이라고 부를 수 있는 곳이 없다는 것을 오히려 자신의 자랑으로 새롭게 보게 된 것이죠. 근본(뿌리)을 가지지 못한 대신에 구애받는 것 없이(묶이지 않고) 자유롭게 어디론가 갈 수 있다는 것을 자신의 자랑으로 바꾸어 생각한 것이지요."

"틀림없이 그것이 지금 자네의 여자친구로 연결된 것 같아. 난관은 산만큼이나 많겠지만 극복하기 위한 에너지를 자신 안에 틀림없이 갖고 있는 거지?"

"유럽에 살며 일을 할까 생각하기 시작했습니다. 놀랄 정도로 쉽게 국경을 통과할 수 있는 세상이 되어버렸어요. 심지어는 자전거를 탄 아주머니가 국경을 통과하는 시대가 되었고 유럽에도 일본인 카메라맨이 필요하게 되어 충분히 생활을 해 나갈 수 있을 거라는 생각이 들어요."

무척 사랑하는 아름다운 여자친구의 사진을 내미는 걸 보면서 이전의 어딘가 약하고 자신이 없었던 M을 생각하게 된다. 만나는 것마다 하나씩 하나씩 진실 되게 마주하는 삶의 방식을 쌓아 온 사람이구나 생각하며, 그 발걸음의 진지함과 여유로운 자세를 느낀다.

사람은 누구나 '시대'라는 '횡축'과 '자기생애사'라는 '종축'의 교차점에 각각 삶의 방식을 그려내면서 걸어간다. 그 젊은이의 행보를 보고 듣노라면 그 사실이 각별히 선명하게 느껴진다. 동서의 장벽이 무너지고, 정보와 교통의 양상이 급속도로 변화하는 시대라는 횡축 그리고 뿌리를 내릴 고향을 가지지 못하고 언제나 지금을 자유자재로 살아가는 역사가 주어진 M의 종축, 두 가지 축이 생명체와 같이 자연스럽고 솔직하게 교차해서 하나의 이야기를 낳은 것은 아닐까? 재학 중에는 말수가 적고 매사에 소극적으로 보이기까지 한 젊은 친구의 미소.

요즘 젊은이들은 '어리고 자주성이 없고 의지할 데가 없다.'는 어른들의 견해를 듣는 경우가 있다. 확실히 아이와 젊은이들의 성장은 천천히 이루어지는 법이다. 대학생들과 만나다 보면 솔직히 한 세대 전의 고등학생 같다는 느낌도 든다. 그러나 우리 어른이 80년 이상을 사는 시대가 되었다. 젊은이들 또한 장수사회로의 변화에 어울리는 균형을 유지하면서 어른의 영역을 침범하지 않으면서 여유롭게 천천히 나이를 먹어갈 것이다. 그것은 젊은 세대가 시대 속에서 나누어 갖고 있는 지혜일지도 모른다.

재학 중에도 그렇지만 졸업 후 학생들의 행보를 듣고 보는 것은 각별히 즐겁다. 이리 저리 때로는 서투르게 천천히 걸으면서, 젊은 사람들은 열심히 살아간다. 그것은 어느 시대도 바뀌지 않는 자신을 찾는 성실하고 진지한 여행이다.

"체코어를 공부할 생각입니다. 여름에 유럽에 다녀와서 다시 전화하겠습니다." M은 기세 좋게 거리의 뒤편으로 사라진다. 언뜻 보기에 우연으로 보이는 사건의 배후에 작은, 그러나 착실한 축적이 있었음을 생각하고 오늘도 또 젊은 사람으로부터 배우고 격려 받고 있는 자신을 느낀다.

노는 대학생 그 마음은?

'폼나게 요령 있게 사는 대학생들의 천국-놀이, 공부, 일본의 학생'이라는 현 세대의 대학생을 비꼬는 제목의 기사가 『아사히신문』에 실린 적이 있다.

"일본 대학생이 학교에서 수업과 실험 등에 할애하는 시간은 미국 대학생의 반 정도, 자택과 도서관에서의 공부시간을 비교해 보면 1/4이하 등등 취직정보를 제공하는 학생회가 일본과 미국 대학생의 의식과 생활을 비교 조사한 자료이다."(『아사히신문』, 1990. 7. 14)

대학생들이 이 조사결과에 대해 어떻게 반응할까 생각해 보았다. 실은 학생들의 말을 들어보고 싶었는데 공교롭게도 여름방학 중이라서 힘들게 되었다. 그러고 보니 우리 집에도 대학생 아들이 있었는데 그 아이도 놀기와 아르바이트로 바빠서 좀처럼 얼굴보기가 힘들었다. 그 기사에 대해 느낀 점은 다음과 같다.

일본사회에서 대학생의 4년이라는 세월은 확실히 특별한 것 같다. 과중할 정도로 일을 하지 않으면 안심할 수 없는 일중독 사회와 그 축소판으로서의 학교경쟁사회.

오랜 세월 인내의 장 속에 갇혀 있다가 마침 쉴 곳이 나타났다는 안도감일지도 모른다. 경쟁이 격화된 일본 사회에서 언제부터인가 대학생들이 자신이 쉴 수 있는 곳으로 대학을 바라보고 있다는 느낌이 든다. 은유적으로 표현하자면 수영선수가 오랜 잠수 후에 수면에서 숨을 내쉬는 순간과 같이.

초등학교 1학년생 아이의 엄마인 나의 친구는, 다음과 같은 아이의 말에 큰 충격을 받았다고 한다.

"엄마, 나 아직 학교를 반년밖에 안 다녔는데 벌써 지쳤어. 그런데 앞으로도 6학년까지 계속 학교에 다녀야 하죠? 그러고 나서 중학교도 있죠? 그 뒤에도 계속 학교하고 회사가 있죠? 그리고 나는 할아버지가 될 때까지 쉴 수 없는 거죠?"

고작 초등학교 1학년 학생이 앞으로 자신이 살아가야 할 시대를 정확히 간파하고 있다는 것에 부모가 아니라 하더라도 무심코 그만 한숨이 나오는 경험을 하겠지만, "응, 하지만 조금 쉴 수 있는 시간이 있을지도 몰라. 아 그래, 대학에 가면 놀 수 있을 거야."라고 무심코 말하고 싶은 게 나의 본심이었다.

그러나 대학에서 가르치는 사람으로서 그런 말을 해서는 안 된다. 나도 학생들이 공부를 열심히 했으면 하는 바람을 갖고 있다. 여름 합숙 세미나 예비모임을 하면서 노는 시간을 많이 원하는 학생들과, 발표와 토론시간을 조금이라도 늘이려는 나의 생각이 부딪힌다. 모처럼 하는 합숙인데 제대로 하자는 나에게 "선생님은 욕심이 너무 지나친 것 같아요."라는 세미나 운영을 담당하고 있는 4학년 학생의 목소리가 날아온다.

그럴 때 나는 생각한다. 대학에 들어오기까지 그들의 자유롭지 못함과 바쁨, "그래, 우리 삶 어딘가에서 여유롭지 못하면 살아 나갈 수 없는 거니까."라고.

대학생은 잘 논다고 하지만 노는 방식은 결코 능숙하지 못하다고 나는 생각한다. 그리고 그러한 것은 그들 자신이 잘 알고 있다.

아무래도 그들은 아이 시절에 충분히 놀지 못했다. 친구들과 세내로 잘 놀기 위해서는 많이 그리고 잘 놀았던 경험이 있어야 하는데, 솔직히 말하자면 그들에게는 그런 경험이 아직 부족하다는 느낌을 나는 갖고 있다.

아이들이 초등학생 무렵, 구서독에서 2년 정도 산 적이 있었다. 거기서는 초·중·고등학생들이 전부 오후 1시까지 수업을 하므로, 교사들도 1시가 지나면 모두 집에 돌아가서 학교는 텅텅 비게 된다. 가족과 점심식사를 하고 난 후에 긴 오후를 아이들은 마음껏 여유롭게 놀고, 좋아하는 운동을 하기도 한다. 친구와 관계 만들기 실력은 시간을 들인 만큼 축적되는 것이다. 그러한 에너지를 축적한 상태에서 대학생활을 시작하므로, 그들의 학문에 대한 호기심과 집중력은 일본의 학생과는 당연히 다르다. 그들의 토론 역량의 깊이에 나는 놀라움을 금할 수 없었다.

서두에서 인용한 조사에 의하면 '대학생활에서 가장 중요한 것은 무엇인가?'라는 물음에 일본 대학생들의 48퍼센트가 '친구와의 만남과 친구를 사귀는 것'이라고 대답하였고, 미국 대학생들의 50퍼센트는 강의, 세미나, 실험이라고 대답하였다고 한다. 이것도 충분히 이해가 간다. 일본 학생들은 인간관계를 만들고 유지하는 방법에 자신이 없기 때문에 그것에 더 신경을 쓰는 학생들이 많은 것이다. 이 조사결과가 일본 아이들이 그동안 얼마나 사람과의 사귐이 부족했는가를 여실히 보여주고 있지 않은가?

어색함(경직됨), 부자유에 압도된 채 학생생활을 시작하게 되는 많은 대학교 1학년들, 그리고 인간관계라는 것을 납득하고 대학을 떠나가는 졸업생들. 공부보다 먼저 메워야 할 과제가 있음을 알고 있기 때문에, 나는 "어떤 현상과 우리 삶에 대해 천천히 진지하게 토론하는 것도 아주 깊은 맛이 있다."는 메시지를 어떤 장소에서든 그들에게 끊임없이 보내고 있다.

세미나 합숙 – 배움을 이어가기

늦여름 후지산에 있는 세미나 하우스에서 며칠 동안 세미나 합숙을 하였다. 교실에서와는 또 다른 학생들의 있는 그대로의 모습, "역시 합숙이라는 건 좋은 거군요. 먹고 자고 어쨌든 함께 생활한다는 것 말이에요."라고 한 S의 말. 토론을 통해서 배우는 것도 물론 의의가 있지만 며칠간의 공동생활이 사람들의 관계에 가져오는 풍요로움과 깊이는 다른 것과 바꿀 수 없다. 교실이라는 시간・공간 속에서 사람이 만나는 어색한 관계와 부자연스러움이 합숙을 통해서는 더 잘 보인다.

기획운영은 합숙운영위원들이 담당하고 나는 거기에 편승하는 형국이라고 해야 할까? 올해의 세미나 주제는 '상담을 어떻게 생각할까?'였다.

첫날밤은 합숙위원회 M의 지난 학기 세미나 내용보고로부터 시작되었다. 텍스트를 읽고 토론을 하면서 나왔던 물음이 발표보고서에 담겨 있었다. '적응・치료라고 하는 것은 무엇일까?', '문제를 개인・가정에 환원하는 생각에 대한 의문', '가족상담을 어떻게 봐야 할까?', '위기개입 이론은 어떻게 등장한 것일까?', '상담의 전문성이라고 하는 것은? 그것을 둘러싼 시비', '심리요법과 종교의 유사점, 상이점', '있는 그대로의 자기라고 하는 것은 무엇을 가리키는 것일까?' 어느 것 하나 크지 않은 주제가 없는데 젊은이들 나름의 생활감각과 감성을 구사해서 그룹별로 학습과 논의를 쌓아온 반년의 족적이다.

흥미로운 것은 합숙에서는 누구든 자신의 일상과 관련된(자신의 일상과 결코 동떨어지지 않은) 발언을 시간을 들여 차근차근 한다는 것이다. 자칫 잘못하면 추상적인 지식과 말에 묶이기 쉬운 교실에서의 자세와 미묘한 차이가 마음에 남는다. 시간이 충분하다는 조건도 물론 있지만 함께 생활하는 그 장(場)의 힘이 가세하고 있다는 느낌이 든다.

T는 '적응 · 정상 · 치료'에 대해서 지금 아르바이트를 하고 있는 보육원에서의 체험을 세심하게 보고하였다. 아이들을 통솔할 때에 보모들이 종종 사용하는 '규칙'이라는 말, 그것은 규칙이기 때문이라고 하면 아이들은 곧바로 따른다. 왜 그렇게 효과적인가? 편해서 사용하지만, 기분이 썩 개운치 않다. 그러고 보면 '보통'이라는 말도 비슷한 강제력이 있다. 부적응 · 일탈 · 치료를 암묵적으로 뒷받침하고 있는 배경을 이러한 소박한 걸음부터 출발해서 천천히 그 원류를 찾아갈 수 있을 것 같다.

I는 상담을 받았던 때의 자신의 진료기록카드를 당시 상담자에게 보여 달라고 했는데 거절당했던 최근의 체험을 우리에게 들려주었다. 그녀는 등교거부 문제를 주제로 졸업논문을 쓰고 있다. 고등학생

때 등교거부 상태로 상담을 받았는데, 그 무렵의 기억이 지금 완전히 지워졌기 때문에 자신이 무엇을 이야기했는지 알고 싶어져서 당시의 상담자를 만나러 갔다. 그런데 본인의 정보라도 공개할 수 없는 것이 '공문서 공문조례'라는 규칙이어서 기록을 보여줄 수 없다는 말을 들었다.

I는 자신의 일이 어떻게 해석되고 기록되어 있는지 알지 못한 채 그것이 보존되는 것은 납득할 수 없다고 생각했다. 자신이 고통받을 때 이야기를 들어준 것을 지금까지 고맙다고 생각해 왔는데, 자신의 정보가 자신이 모르게 다루어지는 것에 실망하고 말았다. I는 상담시 다루어지는 개인정보를 본인에게 공개하지 않는 비공개성에 관해 계속 의문을 갖고 이 주제를 계속 생각해 나가고 싶다고 말했다.

자신의 생활체험과 똑바로 마주하며 생활이라는 대지에 발을 힘껏 딛고 앞으로 나아가는 배움의 스타일은 시원하고 상쾌하고 확실하다. 그러한 배움의 스타일은 자신을 뚜렷하고 선명하게 하며, 해방시키고, 넓히고 친구를 만들어낸다. 그것은 여자들이 키우려는 배움의 문화이기도 하다. 학생들이 손에 넣은 그 힘을 나는 있는 힘껏 지지하고 키워주고 싶은 바람이다.

합숙의 밤 또한 학생들의 미지의 모습을 비추어낸다. 친구들에게 마사지를 해주는 약시인 N은 마사지 면허증을 가진 학생이다. 나도 그에게 몸을 맡긴다. "아, 선생님은 오른쪽이 높고 왼쪽이 낮군요!" 살아온 세월의 흔적이 숨김없이 몸에 나타나는 것이다.

둘째 날 밤 M이 (심장)발작을 일으켰다. 교원용 방에 둘이서 이불을 펴고 어디를 만져 주어야 하냐고 물으니, 심장의 뒤를 눌러 달라고 한다. 지병과 오랫동안 싸우고 있는 M이 주위 사람들에게 응급처치를 요구했다. 심한 격동이 잦아들고 난 후에 편안해진 M이 가볍게 웃는다.

학생들의 부모님 일, 가족 일, 아이 입장으로부터의 이야기를 나는 부모 입장에서 듣는다. 그 속에서 갑자기 나 자신에게 새롭게 보이는 것이 있다. M도 그랬을지 모른다. 사람은 언제나 이렇게 어디서든 만나 함께 배우고, 서로 격려한다고 생각한다.

바람이 참억새와 코스모스를 지나가는 오후, 자신 안에 새롭게 태어난 과제를 소중하게 안고 젊은 친구들은 가을 학기를 향해서 각각 흩어져 갔다.

왜 그렇게 값매김을 당하고 싶은 거니?

"대학에서 성적평가와 단위인정에 관해서 어떻게 생각하는지, 평가받는 사람의 입장에서 논하시오!" 몇 년에 한 번은 학생들에게 이러한 과제를 낸다. 평가론은 나에게 있어서 언제나 큰 주제이다.

10여 년 대학에서 '교육심리학' 수업을 담당했다. 이 영역은 크게 발달, 학습, 인격, 평가라는 네 개의 기둥으로 이루어져 있다. 마지막의 평가부분에는 절대평가·상대평가 문제와 교육평가의 의미와 방법, 학력테스트와 심리테스트를 둘러싼 논의 등이 포함되어 있다.

다른 일도 그렇지만 학문을 말할 때 자기 자신을 포함하지 않고 혹은 자기 자신을 상대화하지 않고 논의해서는 안 된다. 자신은 상대평가로 서열화되는 것이 싫으면서 아이들에게는 필요하다든지, 자신은 심리테스트를 받는 데 거부감을 갖고 있으면서 역시 아이들에게는 필요하다는 등의 이야기가 긍정적으로 평가되어서 좋을 리가 없다. 그것은 약한 사람, 당하는 사람을 짓밟는 뻔뻔스러운 논리이다.

그렇게 생각하면 평가론을 논의 대상으로 삼는 것은 먼저 학생들의 '평가권'과 '단위인정권'을 받은 선생인 나와, 평가를 받아야 하는 학생들과의 관계를 확인하는 것으로부터 출발해야 함을 의미한다. 앞에서 예로 들었던 과제는 이 주제와 관련된다. 이것을 토대로 학교에서의 일반적인 평가로 이야기를 확대해 보자.

문과계 강의에서는 어학공부를 제외하고 성적평가를 하는 데 문제가 많다고 생각한다. 그 이유 중 하나는 강의를 하는 사람의 사상, 입장이 녹아들어 있기 때문에, 학생들은 자신의 생각을 진술할 때조차 평가를 의식해서 교수의 비위를 맞추는 경우가 많기 때문이다. 어떤 학생은 교수들 중에는 나르시스트가 많기 때문에 그 생각을 치켜세워주면 'A'를 받고, 거기에 대한 비판적인 글쓰기를 하면 불리할 것이라고 쉽게 간파한다. 그래서 교수에게 환영받는 글쓰기를 하면 졸업을 위한 단위취득은 누워서 떡먹기라고 한다. 이렇듯 대학강의는 성적평가와 단위인정을 빌미로 가르치는 사람의 이데올로기가 학생들의 사고를 지배하는 구도가 되기 쉽다.

대학이란 학생들이 교수의 이야기를 일방적으로 듣는 것이 아니라 자신의 감성과 체험으로 그것을 재고하고, 때로는 공감하고 비판하면서 다른 사람과 논의하며 각각의 배움을 쌓아가는 곳이 되어야 한다고 생각한다. 그러지 않고 출석과 평가로 배움을 강제하는 곳이 되어서는 안 된다. 나는 그래서 원칙적으로 성적평가를 하지 않는다. 강의 첫 시간에 출석을 부르지 않고 평가는 하지 않는다고 말한다. 하지만 단위인정만은 대학의 틀 안에서 도망갈 수 없기 때문에 어쩔 수 없이 해야 할 때는 나도 괴롭다.

평가를 하지 않고 끝낼 수 있는 것은 W대학의 경우, 성적표 '성적평가란'과 이른바 '단위인정란'의 두 가지 항목이 준비되어 있기 때문이다. 전자는 '우 · 양 · 가 · 불가'의 4단계, 후자는 '합격 · 불합격'의 택일이다. 교수는 어느 쪽이든 하나의 양식을 선택하면 된다. 나는 강의에 참가한 표시로서 1년에 2개 과제를 내고, 원칙적으로 '합격 · 불합격'란을 사용해 왔다.

원칙적이라는 것에서 고민하게 되는 부분인데, "이거 좋은데."라고 무의식중에 외치게 되는 훌륭한 리포트를 만나면 이것 또한 무심코 '우'로 점수를 매겨버리는 경우가 있다. 개운치 않다고 나 스스로도 생각하지만 원래 모순을 가득 품은 평가와 관련된 행위 속에서 개운치 않은 부분이 있다는 것이 자연스러운 것이 아닐까하고 나 스스로를 변호한다.

평가를 둘러싼 논의에서 학생의 발언 때문에 맥이 빠지는 경우가 많아졌다. 최근 5, 6년인 듯 싶은데, 평가를 하지 않는 나의 의도가 실제로 학생들에게 제대로 전달되지 않는 것 같다. "평가를 했으면 좋겠습니다.", "합격 · 불합격으로는 뭔가 부족해요."라는 의견이 나온다. 과거와 같이 "대학에서 평가하는 것은 어리석은 일이다.", "어쩔 수 없이 한다면 합격 · 불합격이 당연해요."라는 목소리는 확실히 퇴색하고 있다.

심지어 성적평가를 하지 않는 교수는 게으름을 피우고 있다는 느낌이 든다는 의견도 있기에, 왜 그렇게 외부로부터 평가를 받고 싶은 건지라고 강하게 물음을 던졌다.

대학에 오기까지 점수 · 성적에 묶이고 억압받으면서 자신의 상품화와 서열화가 신체에 깊숙이 침투되어 있다고는 하지만 거기서부터 탈출하고 자신의 원래 모습을 찾을 수 있는 사람은 자기 자신밖에 없으므로 늘 정신을 바짝 차려주기 바란다.

작년 임상심리학 세미나에서는 세미나 전원이 의논을 해서 평가를 '합격'으로 정했다. 1년간 모두 재미있고 적극적이었기 때문에 1년 동안 세미나에 참가한 전원에게 '우'를 주기로 하였다. 평가하는 사람이나 평가를 받는 사람들이 산뜻하게 감화되는 과정을 공유할 수 있는 것 또한 재미있는 체험이 아닐까?

아르바이트라는 필수과목

일본 대학생의 생활이 PTA 등으로 풍자되는 시대가 있었다. P는 파친코(パチンコ), T는 여행(Travel), A는 아르바이트(Arbeit)이다. P는 이미 옛날이야기가 되었지만, A는 지금도 당연한 것으로 학생들의 삶에 침투되어 있다. "어젯밤 센다이에서 트럭을 운전해 와서 오늘 아침에 도착했습니다. 오늘은 수업 중에 틀림없이 잠을 자게 될 텐

데, 이해 좀 해주세요."라고 말하는 학생. 그는 부모님으로부터 금전적인 지원을 받지 않고 학비와 생활비를 스스로 해결한다. "고속도로의 요금소에서 야간 아르바이트를 하고 있습니다."라고 말하는 학생. "밤에는 차가 별로 다니지 않아 다음 차가 올 때까지 집중해서 책을 읽을 수 있어요. 공부를 좋아하는 것도 아닌데 요금소 안에 있으면 책을 읽지 않고는 견딜 수 없는 느낌이 들어요. 참 희한하죠?"

정신병원의 야간근무를 하면서 '쇠창살' 안의 모습과 거기서 생각한 것을 문자화해서 '알고 계십니까? 정신병원'이라는 팸플릿을 만든 학생도 있었다. 나도 이 팸플릿을 세미나에서 활용했는데 아주 평이 좋았다.

"햄버거 가게에서 아르바이트를 시작했는데 짧은 스커트를 입는 게 싫어요. 뒤에 있는 남자도 신경 쓰이고." 그래도 즐겁게 하자는 건강함이 또 든든하다.

밤에는 가라오케의 마담 보조로서 일하는 학생. '작은 마마'라고 불리면서 카운트에 앉아 있는 모습이 그럴듯하다. 세미나 모임에 그녀가 일하는 가게를 통째로 빌리는 덕도 보았다.

보모, 에어로빅 강사, 조각가의 모델 등. 그런데 역시 예나 지금이나 많이 하고 있는 일이 가정교사와 학원교사이다. 여기에도 진학경쟁의 트레이너로서 일하는 것과, 공부를 따라가지 못하는 아이와 함께 고통을 나누면서 그들과 함께하는 '교사'의 일도 있다. 내가 알고 있는 학생들은 거의 후자가 많다. 학교공부에 흥미를 갖지 못하는 아이들을 가르치는 어려움과 미혹을 안으면서 경쟁에 지배된 학교,

그리고 사회의 도식과 마주하고 있는 사람들이다. 그런 학생 중 한 명이 발달을 논의하는 과제에서 다음과 같은 인상적인 글을 썼다.

> "나는 지금 이른바 지적장애아의 가정교사를 하고 있다. 그 아이는 시험이 가까워졌을 때, '나는 공부 안 해도 돼, 노력 같은 것은 싫어, 왜냐하면 바보니까. 선생님이 100점을 주면 좋을 텐데.'라고 말했다. 나도 어른의 눈으로 그의 장애를 생각하고 현대라는 시대를 의식하며 부모와 주위 사람들의 요구에 부합하자는 생각으로 그를 부추겨서 공부를 시킨다. 나의 언행 속에 억압과 속임수가 있다는 것은 가정교사를 시작했을 때부터 자각하고 있었다. 하지만 이 역할을 방임하면 어떻게 될까 생각하면, 내가 하나의 방파제, 완충지대가 되었다고 생각했다. 그런데 실은 결국 그를 평생 장애인으로 취급하려고 한다는 것도 또한 잘 알고 있다. '도대체 어떻게 하면 좋을까?'라는 생각뿐이다. 내가 그만둔다고 해결될 문제가 아니다. 그 아이는 자기가 풀 수 있는 문제만 만들어서 테스트를 하면 100점을 받을 수 있다고 한다. 그 아이는 거짓말이라도 좋으니까 100점이라고 써주면 좋겠다고 한다. 그는 실제로 매우 노력하고 있지만 그다지 효과는 없다. 내가 낮은 점수라도 칭찬할 때 기뻐하지만, 내 내면의 가치관을 속이고 있다는 것도 금방 자각하고 만다. 솔직하게 말해서 높은 점수를 받았으면 좋겠다는 나의 생각을 허물어뜨리는 것은 아직 어렵다. 그도 또한 높은 점수에 의해서 인정을 받는 것은 불가능하다는 것을 인정할 수밖에 없다."

학교사회에서 살 수밖에 없는 지금의 아이들, 나는 교내폭력, 등교거부, 폭주 혹은 지역운동 등이 역사 속에서 어떻게 움직이는지 잘 모르겠다. 심정적으로는 이해하면서도 오히려 권력에 이용되고 있는 것은 아닐까라고 생각한다. 나 자신도 잘못하면 권력에 이용되거나 또한 나만의 권력을 만들고 있을지 모른다는 생각을 하고 일상 속의 세세한 사건과 일에 대처해 나가는 것 이외에는 방법이 없다고 생각한다.

대학생들은 아르바이트를 통해 추상적이고 생활감이 떨어지는 학생이라는 입장을 넘어서서 생활현실에 뿌리를 내리려고 한다. 금전 문제도 있겠지만 그것은 그들에게 있어서 이른바 필수과목인 것이다. 그들의 생활 경험에 화답하는 의미에서 현실로부터 사색을 깊게 할 수 있는 긴장을 수업 속에서 만들어내고 싶다.

생명체로서의 수업

나는 언제나 수업은 살아 있는 것이라고 생각하고 있다. 학생과 학생, 학생과 선생의 상호관계는 매년 우연성으로 가득차고 유동적이다. 그런 운동력으로 교실 모습을 그려내고 수업 형태를 갖추어 간다. 측정하기 어려운 살아있는 것(생명체성)과 자연스러운 흐름을 살리면서 나만의 주장을 보태 전하기 위해 생각하고 고민하는 것이 언제부터인가 나만의 독특한 수업 스타일이 되었다.

연간계획에 맞추어 빈틈없이 체계적인 강의를 진행하는 분도 계실 것이다. 그것도 하나의 매력적인 스타일이라고 생각한다. 올해 4월 W대학에서 1년에 걸쳐 '현대농·식문화비판'을 강의하시는 A선생을 만나 강의계획을 받았다. 그것은 마치 책의 목차와 같이 각 항목을 강의하는 일정도 잘 나와 있었다. 빈틈없는 구조로 이루어진 그 강의는 수강생들에게 손에 와 닿는 확실한 느낌을 줄 것임에 틀림없다.

A선생 정도는 아니지만 나도 학기 초에는 일단 강의계획을 학생들에게 제시하며, 앞으로의 강의진행이 이런 식으로 이루어질 것이라고 예고한다. 그러나 교실은 사람들이 모인 장소이기 때문에 학생들의 움직이는 방식에 따라서 그 '예정'은 계속해서 변화하고 나중에 보면 똑같이 출발했던 두 교실이 전혀 다른 방향으로 달려 나가고 있는 것을 볼 수 있다. 그런데 나는 그러한 변화가 꽤 즐겁다. 그것이 아무래도 나만의 독특한 스타일인 것 같다.

예를 들면 올해 C대학 간호학과 두 반에서 '임상심리학'을 동시에 강의하였다. 수업을 시작하며 "의료현장에 나가는 사람으로서 지금 무엇을 배우고 싶은가?"라고 물었다. 대답은 어느 반에서나 말을 미리 맞춘 것처럼 '환자의 심리에 관해서'가 1위를 차지하였다. 이러한 학생들의 반응이 무엇을 의미하는지 생각해 봤다. 환자들의 공통적인 심리상태라는 것이 있을 리가 없다. 있다고 한다면 환자로 명명된 인간이 놓여 있는 공통의 의료상황과 그 상황 내에서 다양한 만남만이 있을 뿐이다. 나는 다양한 의료종사자와 다양한 환자라는 현실상황을 외면한 채, 이론에만 급급하여 '노하우'를 알려주는 강의는 싫다.

물론 학생들의 불안도 모르는 바는 아니다. 엄격한 병원관리체제 그리고 사건의 연속인 의료현장 일상에서 일반적인 환자의 심리가 분명히 있을 것이라고 생각하여, 미리 그 정보를 손에 넣어서 조금이라도 안심하고 싶은 것이다. 그러나 그것은 환상이고 억압이기도 하다. 그래서 조금 농담을 섞어서 '환자의 심리를 알고 싶은 간호학생의 심리'를 주제로 수업을 시작하였다. A반에서는 '예를 들면 죽음을 눈앞에 둔 환자의 일반적 심리가 있지 않은가?'라는 반론이 먼저 나온다. 그러한 반론에 기초해서 무카이 쇼오코(向井承子)의 『병의 전후사』를 읽는다. 이는 의료현장이 아니라 환자의 입장에 선 '병・죽음・의료론'이다.

병도 죽음도 환자의 생각도 실은 '상황적이라는 것'[1] 그 속에서 학생으로부터 '병・죽음'을 애도하고 '건강'에 대한 만족할 줄 모르는 집념에 사로잡혀 있는 풍조에 대한 의문이 나온다. 이와오 스미코(岩生純子)의 에세이풍 논문 「나는 건강신화에 죽임을 당하고 싶지 않다」를 읽어보면, 장애와 병의 조기발견・치료의 빛과 그림자, 뇌사・장기이식의 문제로 학생들의 관심이 확대된다.

| 읽을거리 |

"우리 눈앞에 펼쳐지는 모든 인간적인 활동은 인간 자신보다 큰 체계를 끌어오지 않고는 설명할 수 없고, 그 활동의 기원은 아동의 인격 내부에서가 아니라 밖에서 구하지 않으면 안 된다."(『사고와 언어』, Выготский, 뮤실레니에 이 패취)

개인의 마음(mind)을 제대로 이해하기 위해서는 개인의 마음 바깥에 설 필요가 있다고 역설하는 비고츠키(L. Vygotsky)의 아이디어는 "우리의 행위는 언제나 상황(situation)과 대상(object)에 관한 것이고 상황과 대상으로부터의 파생이고, 상황과 대상으로 향하는 것이다"라고 역설한 듀이(J. Dewey)의 관점과 공명한다.

한편 B반에서는 '심리테스트론'이 제기되었다. 환자가 원하는 의료실정에 맞추기 위해 심리테스트가 도움이 되는 것일까라고. 심리테스트의 실습, 강의를 통해서 심리테스트는 과연 누구를 위한 것인지를 묻는다. '환자가 원하는 맞춤형 간호'를 둘러싼 논의가 활발하게 이루어진다. A반과 B반은 다른 흐름을 만들면서 똑같은 수로에 도달하려고 한다.

우연적인 흐름에 무게를 두면서 거기에 활력을 불어넣으려는 나의 취향을 돌아보면, 오랜 기간 가사와 아이들과 함께한 삶과 인연이 결코 없지 않음을 알 수 있다. 아침 날씨에 맞는 가사일, 아이와 환자의 상태에 맞는 행동, 계절에 맞는 요리, 이러한 다양한 경험은 계획대로 되지 않는 것이 삶이라는 생명체라는 사실을 나에게 가르쳐 주었다. 그 예민한 생명체의 긴장을 즐기는 것에 나는 맛을 들였는지도 모른다. 학생들이 힘 있게 볼을 쳐주었으면 하고 온 정신을 집중해서 토스하는 세터가 된 기분을 느낀 적도 있다. 여러 종류의 선생이 있고, 각각의 수업 스타일이 있다. 문장은 사람에 따라 각양각색이라는 말이 있는데 수업 또한 사람에 따라 각양각색이다. 학생들에게 있어서 그 다양함이야말로 중요하다고 생각한다. 어떤 학생의 말이 생각난다. "대학은 서커스와 같은 곳이어야 한다. 즉 백곰과 코끼리가 묘기를 보여주고 손님은 이를 즐기는 곳이라고 생각한다." 나는 이 말이 정말 맞다고 생각한다.

N학과는 매년 모든 선생의 수업총괄을 실은 책자를 만들어서 전체 학생들에게 나누어주는데 다른 모든 대학에서도 그것이 이루어지면 좋겠다. 가르치는 사람은 자신의 묘기를 빈틈없이 만들어야 한다. 그리고 손님(학생)이 보는 것에 그치지 않고 무대에 함께 올라가고 싶어 하는 수업의 장을 만들어야 하지 않을까 생각한다.

2장
여행 떠나기: 부모-아이에서 부모-아이들로

인연에 익숙해지기

나는 '익숙하다-친숙하다'라는 말을 좋아한다. 그리고 또 하나, '인연'이란 말을 좋아한다. 매일 매일의 삶 속에서 이 두 가지 말을 가슴에 품고 살고 있다.

내가 매일 사용하는 손때 묻은 도구들인 칼, 병따개, 작은 접시, 사전, 메모지, 가위 등을 손질하면서 익숙해진다는 느낌을 받는다. 친한 사람들로부터 받은 것, 어떤 건 무척 마음에 들어서 '이거구나' 하고 구입한 게 인연이 되어 시간이 지남과 함께, 손에 익은 사소한 내 주변의 도구에 애착을 갖는다.

나는 시골에서 자란 덕분에 씨를 뿌리고 식물을 키우는 것을 좋아한다. 특히 봄에 피는 꽃은 가을에, 가을에 피는 꽃은 봄에 씨를 뿌려서 발아에서 꽃봉오리가 피기까지 긴 시간을 함께한다. 물주기를 반복하고 어떤 색깔의 꽃일지 우연을 즐긴다. 막 꽃잎을 펼친 훌륭하게 키워진 꽃을 사는 것은 뭔가 부족하다. 왜냐하면 그건 사치일 뿐 아니라 시간만이 전해줄 수 있는 '익숙함, 친숙함'이 주는 매력이 없기 때문이다.

사람과 사람의 관계 또한 내 안에는 '인연'과 '익숙함 혹은 친숙함'이라는 두 가지 말로 깊게 들어앉아 있다. 만남과 시간, 수평과 수직, 점과 선 그리고 면, 그것은 살아 있는 것의 관계를 지탱하고 있는 원칙으로 보인다. 아는 사람, 친구, 일터의 동료, 남자와 여자, 부모와 아이, 그중에서도 부모와 아이야말로 인연과 친숙함(익숙함)이 아로새겨져 있는 가장 깊이 있는 인간관계라고 생각한다. 좋다고 생각하다가도 밉다고 멀리하거나 아쉬워하거나 서로 위로하거나 다양한 굴레와 인연에 얽혀서 부모와 아이는 오랜 시간을 서로 나누어 가지면서 함께 살아간다.

부모-아이, 인연의 시작

여자친구들과 수다를 떨면서 처음으로 아이를 낳았을 때의 감상으로 이야기가 닿을 때가 있다. "헉, 이게 내 아이란 말인가?"라는 말에 공감하는 사람이 가장 많다. 그 말속에는 처음으로 내 아이를 만났을 때의 당황스러움이 잘 나타나 있다.

주로 남성들이 쓴 육아서, 엄마를 위한 책 등에는 모성신화가 넘치고 있다. 10개월이라는 임신기간을 참고 산고를 겪고 난 후 아기의 얼굴을 보았을 때 엄마의 마음에 치밀어 올라오는 것은 오로지 내 아이를 귀여워하는 마음뿐이라고 그 책들에는 쓰여 있다. 새롭게 대두되고 있는 '모자상호작용론'도 결국은 엄마의 역할을 강조하고 있다. 그래서 내 아기 얼굴을 보는 순간, 샘물이 솟아나듯이 모성애가 올라오는 것이라고 여자들은 믿고 있다. 사실 10대들과 이야기를 해 보면 아기가 태어나면 '엄마의 육체에는 모유가 정신에는 모성애가 샘솟는다.'고 믿는 소녀들이 많다.

그런데 현실은 엄마와 아이의 만남은 위화감으로 시작된다. 많은 아버지들은 처음 내 아이를 보고 무심코 "헉, 이게 내 아이인가?"라고 말하는 경우도 있다.

"처음으로 아기 얼굴을 봤을 때, 사이가 좋지 않던 시누이와 너무 닮아서 흠칫했었어요. 이 아이를 내가 귀여워 해 줄 수 있을지 불안했죠."라고 말한 사람도 있다. 난산으로 고통스러웠던 어떤 이는 "아이보다는 내가 빨리 편해지고 싶었다. 어쨌든 내가 편안해졌으면 좋겠다는 느낌이었다."며 "엄마라는 것은 자아의 덩어리인 것 같아."라고 말한다. 순산했던 사람은 "아이를 낳는 것 재미있어. 이 일 너무 재미있어서 몇 명이라도 낳고 싶어. 근데 이것도 역시 자신만을 생각하고 있는 거네."라고 말한다.

아이를 낳고 난 순간 어쨌든 차가운 맥주 한 잔을 정신없이 마시고 싶다는 생각뿐이었다고 말하는 사람도 있고, 이 아이를 누구한테든 지지 않게 키우고 싶다는 포부를 밝힌 사람도 적지 않다.

그러나 많이 들을 수 있는 말은 '너무 부드러워서 잡기가 두려운 느낌', '그냥 무섭다는 한마디 말' 등 실제로 그때까지 일상에서 아기와의 만남이 없었던 현대의 많은 젊은 여성들은 적잖이 당황하며,

자신의 몸으로부터 나온 작은 몸과 싫든 좋든 마주하기 시작한다.

친구한테 끌려서 아이는 부모를 떠난다

내 경우도 크게 다르지 않았다. 아기와 처음으로 만났을 때 먼저 떠오른 생각은 '정말 큰일이다. 이제 물릴 수 없는 노릇 아닌가?'라는 것이었다. 인류가 과거에 경험해 보지 못한, 핵가족이라는 최소단위의 인간관계 안에서 아이를 키우는 것은, 말로 표현할 수 없는 중압을 예감시켰고 직업을 가진 여성의 아이 키우기는 자기유지와 자기희생이라는 두 가지 요구 사이에서 끊임없이 갈등하는 긴장감을 가져왔다.

그러나 이제 물릴 수도 없는 현실과 마주하면서 결코 생각대로 되지 않는 생명체와의 만남 속에서 '시간이 가져오는 익숙함 · 친숙함'이 찾아온다. 익숙한 것은 몸과 친하다. 변해가면서 성장하는 사실의 흥미로움. 잃어버리기라도 할까봐 부모의 뒤를 쫓는 번잡스러움과 귀여움.

언제부터인가 부모와 아이는 익숙해져서 만남의 인연을 보다 깊게 새긴다. 하나의 장(場)과 긴 시간을 공유함으로써 서로 자신의 일부가 된다. 그것은 혈연에 의해서도 아니고 모성애라고 하는 본능에 의해서도 아니다. 그것은 다름 아닌, 만남과 관계를 통해서 이루어진다.

아이의 부모 떠나기는 아이가 자기의 몸을 움직이기는 것과 동시에 시작된다는 느낌이 든다. 아이는 목표하는 것을 향해서 떠난다.

부모의 손을 뿌리치고 마음이 끌리는 곳으로 향해서 걸어간다. 그 때 아이는 부모를 잊고, 자신의 세계를 넓혀 나간다. 새로운 세계를 만나 익숙해지고 드디어 다른 하나의 바깥 세계로 나아간다. 거기서 만나는 것은 자신과 똑같은 아이이다. 아이는 서로 끌린다. 친구와 만나면서 아이는 부모로부터 멀어져 간다.

장애를 가진 아이의 엄마가 어느 날 아이가 자꾸만 창문으로 바깥을 내다보려고 한다는 것을 알게 된다. 창문 바깥에 어떤 아이가 서 있었다.

> "나는 이 아이를 아주 사랑하고 내 힘으로 열심히 키우겠다는 의욕을 갖고 있었습니다. 그런데 친구에게 마음이 끌리는 아이를 보고 나 혼자만으로는 안 되겠구나라고 생각해 지역의 보통 학급에 아이를 입학시켰습니다."

이것은 '카와사키, 보통학습에서 배우고 살아가는 사람들의 모임'을 만들어 가는 과정에서 알게 된 T의 말이다.

아이의 부모 떠나기는 본래 단순한 것이 아닐까?

아이에게 익숙함의 세계는 살고 있는 집 냄새라든지 자신의 침대 감촉이라든지, 부모의 목소리이거나 귓불과 엄마 젖의 감촉이라든지 익숙한 담요와 봉제인형의 냄새이기도 하다. 그것은 전체적인 세계이다. 자신의 손가락을 빠는 것도 그 일부를 이루고 있다. 『마음의 기저는 엄마』라는 저명한 심리학사의 책이 젊은 엄마들에게 호평을 받았는데 실은 아이에게 있어서 마음의 기저는 일상에서 익숙해 있는 전체 세계이고, 엄마는 기껏해야 그 일부라고 나는 생각한다.

익숙한 세계와 신기한 세계를 오가면서 아이는 부모와 집으로부터 멀어져 간다. 친구의 세계로 향하면서 생명체의 자연스러움을 따라서.

아이를 버리고 싶은 마음과 그 배경

문제는 부모가 아이를 떠나는 방식이다. '30세가 되어야 비로소 성인'이라는 통념이 있는 것처럼, 아이의 부모 떠나기는 확실히 늦어지고 있다. 그러나 평균수명이 늘어나 인생을 80년이나 살 수 있게 된 지금, 부모가 80년이나 살면서 젊은이는 20세가 되어도 아직 아이 같다고 비난해서는 안 된다. 오히려 어른·아이 세대의 균형을 어떻게든 유지하고 있는 젊은이에게 감사해야 할 것이다.

부모의 아이 떠나기를 둘러싼 문제에 관해서 생각하기 전에 한 가지 더, 아이의 부모 떠나기를 방해하는 부모의 요인에 관해서 생각해 보기로 하자. 그것은 부모 안에 있는 아이를 버리고 싶은 마음에 관해서이다.

내 아이 중 한 명이 어릴 때 일시적으로 부모와 떨어지는 것이 잘 되지 않았다. 언제나 나의 뒤를 따라 걷고, 내가 없어지기라도 하면 패닉 상태에 빠져서 울부짖는 경우가 많았다. 그것은 아이가 그 무렵 새로운 만남보다도 익숙한 세계를 훨씬 더 좋아했고, 새로운 것을 두려워하였던 것과 관계가 있었을 것이다. 또 한 가지 엄마에게 버림을 받는 것에 대한 불안한 느낌을 갖고 있었기 때문이라고 생각한다.

어린아이는 어른의 자유를 심하게 구속한다. 밤에 울고 오줌을 싸고 열이 오르기도 한다. 혼자 아이를 키우면서 끊임없이 아이에게 속박되고, 허둥댔던 경험이 없는 부모가 있을까?

야마타 시바후(山田芝生)라는 만화가의 작품 속에서 아이를 키우고 있는 젊은 엄마가 '나의 페이스로 걷고 싶다.'는 대사를 종종 하는데, 오랜 세월 자신의 신체를 늘 상대에게 맞추는 것은 확실히 고통스럽다. 자유로워지고 싶다고 몸이 울부짖는 때가 많다. 그런 몸짓은 아마 아이를 버리고 싶은 마음을 잘 대변해주고 있을 것이다.

"버리지 말라."고 아이는 부모를 늘 따라 다닌다. 아이가 착 달라붙을 때, 부모는 한층 더 번거롭다. 동떨어진(핵가족화로 인해) 아이를 버리고 싶은 바람과 아이가 뒤를 쫓는 악순환은 늘 따라 다니는 것이다. 이 악순환은 아이의 '부모 떠나기'를 방해한다. 버려질지도 모른다는 불안과 싸우는 데 아이는 에너지를 뺏기는 것이다.

나의 경우, 아이가 부모를 도왔다. 큰아이는 10살 봄방학에 갑자기 홋카이도에 있는 친척 집으로 혼자서 여행을 하고 싶다고 말을 꺼냈다. 긴장감으로 상기된 얼굴로 혼자서 집을 나서, 1주일 정도 후에 집으로 돌아왔을 때, 나와 아이 사이의 엉클어짐이 풀어진 것을 부모인 나는 느꼈다. 아이는 스스로를 구하고 부모를 돌보면서 부모 떠나기에 성공한다.

어른이 되지 못하는 아이의 사정

부모의 아이 떠나기의 부정적인 측면은 아이의 부모 떠나기 양상을 심하게 굴절시킨다는 것이다. 부모의 아이 떠나기의 부정적인 측면이라고 하는 것은, 즉 아이를 버리지 않으면서 아이의 뒤를 하염없이 쫓는 것이다. 여기서 '버리지 말라'고 외치는 것은 부모이다. 현대의 부모-아이 사이에서 가장 고약한 것이 거기 있다.

부모와 아이는 강자와 약자의 관계이다. 아이는 부모에게 양육된다. 그것은 아이의 약점이다. 아이의 부모 떠나기를 바라지 않는 부모는 그 약점을 쥐고 아이를 지배하려 한다. 그러므로 부모가 아이를 향해 외치는 '버리지 말아줘'는 실은 '버리지 말아'라는 명령이 된다. 아이는 부모를 떠나지 못하고 발목을 잡혀서 결국은 자기를 버리게 된다.

어떤 대학생이 "나는 좀처럼 어른이 될 수 없다. 부모와 할머니, 어른이 많은 집에서 아이 역할을 하는 사람이 필요하다."는 글을 쓴 것을 본 적이 있다. 아이의 역할이란 아마 어른에게 지배되는 역할이 아닐까? 장수사회 그리고 무엇보다도 관리사회에 살고 있는 부모에게 있어 문제의 뿌리는 깊다.

아이를 만드는 시대 안에서

현대의 '아이 떠나기' 나아가서는 '부모 떠나기'를 둘러싼 문제는 부모가 아이를 가지려고 계획한 때부터 발생한다.

'아이 낳기', '아이 키우기', '아이를 갖는 축복'이라는 말은 과거의 것이 되어버렸다. 현대는 문자 그대로 '아이 만들기' 시대이다. 계획출산이라는 말에 상징적으로 나타나듯이, 아이는 부모의 인생설계, 즉 지배, 관리 하에 있다. 언제부터 몇 명을, 몇 년 주기로 게다가 성별을 선택해서 낳는 것이 기술적으로 가능하게 되었다. 그리고 수정란의 냉동보존, 즉 생명의 반영구적인 보존까지도 가능하게 된 현재, 사람들은 아이의 출생과 인생에 대한 계획이 부모의 것이라는 생각을 당연하다고 여기고 있다.

관리의 일상화가 그 정도를 계속 강화시키는 흐름 속에서는 부모가 아이를 소유물로 생각하는 정도 또한 강화되어 가고 있다. 부모의 생각대로 계획해서 낳은 아이들은 부모의 인생을 충실하게 해주는 존재, 부모 자신의 의지로 키우려 하는 의욕의 대상, 약자로서의 아이이다. 이에 따라 부모에게 있어 행운 아이는 부모의 지배 · 관리의 욕망을 장기간에 걸쳐서 만족시켜주는 아이이다.

최근 두 명의 젊은 엄마로부터 겉으로는 다른 두 가지 말을 들었다. "아이를 낳았을 때, 내가 지금부터 한 사람의 인생을 만드는 큰 일을 한다는 엄숙한 기분이 들었다." 또 하나는 "해냈다, 기다리고 있었다. 20년 정도 즐길 수 있는 아주 귀한 장난감을 갖게 되었다."라는 것이었다. 표면적으로, 전자는 아이 키우기에 열심이고 성실한 부모, 후자는 아이를 애완동물 다루듯 하는 부모로서 양극의 양상을 갖고 있는데, 실은 아이를 보는 이 두 가지 시선이 공통적이다. 그것은 앞에서 진술한 아이를 지배, 관리의 대상, 즉 사유물로 보는 시점이다. 계획출산으로 '손에 넣은' 아기는 계획성장, 발달이라고 하는 계획육아로 이어진다. 부모에게 있어 자녀는 자신의 인생을 만족시켜줄 재산으로 비쳐지기 쉽다.

'일'로서의 아이 키우기와 아이 관리

물론 아이와 부모의 이러한 관계가 지금 시작된 것은 아니다. 대가족 사회였던 시대에 아이는 장래의 노동력으로서 기대되었다. 오오토 유키(大戸由記)에 의하면 아이가 한 사람 몫을 해내는 사람이 된다는 것은 남자아이의 경우, 쌀 반가마를 짊어질 수 있게 되는 것이고, 여자아이는 하루에 목욕옷 3벌을 짓는 것이었다. 아이를 집의 재산으로 보는 관점은 근본적으로 달라지지 않았다. 그러나 현대사회는 아이를 키우는 것 자체가 목적이 되고, 일의 양상을 띠게 되었다는 것이다.

1950년대 이후의 공업화사회, 정보화사회가 만들어내고 유지시키고 있는 '전업주부', '전업모'라는 지위는 여성들로부터 생산력을 빼앗고 좁은 주거공간에 엄마와 아이를 가둔 주범이다. 엄마들이 해야 할 일은 언제 돌아올지 모르는 다른 가족을 기다리고 돌보고, 아이를 키우는 것이다. 그러나 이런 일들은 본래 거의 불필요한 일이었다. 왜냐하면 타인을 돌보는 것은 당사자가 할 마음만 있으면 스스로 할 수 있는 경우가 많고, 아이는 자연환경과 친구만 있으면 손이 별로 가지 않고 스스로 자라기 때문이다.

상품관리로서의 아이 키우기

인간이 가진 '지배 · 관리에 대한 욕구'는 그 뿌리가 깊다. 나의 취미인 씨앗을 틔어 식물을 키우고, 거기서 꽃과 열매를 기대하는 것 또한 식물에 대한 지배 · 관리의 욕망이다. 하물며 앞에서 인용한 젊은 부모의 말과 같이 '인간을 만들기'라는 것을 삶의 보람, 일, 인생의 목표라고 정했을 때 그것은 식물과 비교할 수 없을 정도로 인간의 지배 · 관리욕구를 만족시키는 것이다. 생각대로 안 되는 아이라는 생명체를 부모의 생각대로 하려고 시도하기 때문이다.

아이는 부모의 요구에 굴복하지 않을 수 없다. 양육 받는 존재로서 또한 어른에게 사랑받지 않으면 살아갈 수 없는 존재로서 아이는, 부모에게 사랑을 받아야 하기 때문이다. 아이는 종종 부모가 깔아 놓은 레일 위를 걸을 수밖에 없고, 부모가 만든 프로그램을 따를 수밖에 없다. 신이 인간을 만들었다고 성서는 말하지만, 현대는 인간이 인간을 만드는 시대인 것 같다. 사람에게 이것 이상 쾌감을 얻는 일은 없을지도 모른다.

물론 아이를 부모의 생각대로 할 수 없지만, 아이 키우기가 '일'로서 정착된 구도 속에서 부모의 생각대로 아이를 키우기가 가능한 것처럼 부모는 생각이 이끌리기 십상이다. '교육산업'이라고 하는 것이 이러한 생각에 박차를 가한다.

모든 것이 상품화되어 가는 사회에서 좋은 아이 키우기란, '아이'라는 상품을 교묘하게 관리하는 것이라는 잘못된 생각과 쉽게 연동한다. 일이라고 하면 성공시키지 않으면 안 되고 일이 곧 살아가는 보람이라고 한다면 이를 놓을 수도 없는 노릇이다.

부모가 아이를 쉽게 놓지 못하는 것은 이와 같은 도식 안에 존재하고 있다.

부모의 굴레 속에 있는 아이들은 자립을 그만두고 건강하고 젊은 부모에 굴복하고 종속된다.

그러나 아이도 그냥은 자신의 인생을 맡기지 않는다. 아이도 결코 만만한 존재는 아니다. 그들도 또한 보상을 기대한다. '어쩔 수 없이, 어른의 욕망을 허락하고 자신을 지배하도록 허락한다. 그 대신 어른들이 나를 언제나 편안하고 기분 좋게 해주고 언제까지나 돌봐주는 것은 당연하다'라고 받아들인다. 이것이 현대 젊은이들의 '응석'이라 불리는 것이다. 아이가 어른에게 의존하는 것은, 어른이 아이를 지배하는 것에 대한 일종의 거래(등가교환)이다.

혈연에서 주연(住緣)으로

'아이 떠나기'란 묘한 말이다. 그것은 부모가 아이에게 의존하는 역전현상을 전제로 하기 때문에 그러나 밀실에서의 아이 관리가 계속되는 한 아이라는 다루기 힘든 생명체를 지배하는 쾌감을 손에서 놓는 것은 어렵고, 부모가 아이를 놓지 않음으로써 비롯된 부작용 속에서 아이의 수난은 계속되는 것이다.

아이는 친구들 속에서 그리고 많은 어른들 속에서 비로소 자연스럽게 큰다. 현대를 제외하고 인간은 언제나 그렇게 해 왔다. 거기에는 '아이 키우기'라는 말도 '아이 떠나기'라는 말도 필요치 않았다.

아이는 각각의 모습과 관계 속에서 이것저것 갈등을 겪으며 그 결과 자연스럽게 성장하고 부모를 떠난다.

내가 살고 있는 지역에 '스페이스 놀이친구'라는 곳이 있다. 이곳의 대표는 세 아이를 키우고 있는 30대 여성이다.

그곳에는 다양한 사람이 모인다. 몇몇의 작은 집회, 공부모임, 우유팩을 재활용한 종이 공작 등도 성황이다. 한 달에 한 번, 토요일 밤에는 '토요 요리교실'을 열어서 각자 잘하는 요리솜씨를 뽐내고, 때로는 '남자들만의 요리교실'이라는 이름으로 남자들이 만든 메뉴가 호평을 얻기도 한다. 방 하나에는 아이들이 모여서 그들이 좋아하는 청년을 둘러싸고 이것저것 이야기를 나누기도 한다. 장애를 가진 아이, 집이 싫은 아이, 가볍게 아이들을 서로 맡기는 부모들, 질문을 통해서 자연스럽게 친구가 되어 가는 아이들.

거기에는 인위적이지 않고 자연스러운 부모 떠나기, 아이 떠나기가 있다. 부모와 아이 서로가 서로를 묶거나 기대고 의지하는 대신에 사람의 만남, 즉 인연과 관계가 가져오는 익숙함이 있다.

1970년대 초, 일본에서 국가를 상대로 한, 덴슈칸(傳習館) 투쟁 류카 손지쿠(柳下村塾) 탁아소* 에서 나온 말이 떠오른다.

탁아소 대표인 츠무라 사키코(津村佐喜子)는 그곳을 "엄마가 세 살 난 아이를 두고 이 세상을 떠나려고 할 때, 그 아이를 맡기고 안

---

* 1970년에 일본 큐슈 후쿠오카현 야나기가와의 덴슈칸 고등학교에서 3명의 교사가 정부가 정한 교육내용에 맞지 않는 수업내용을 하였다는 이유로 해고당했다. 그 처분에 대한 반대투쟁이 야나기가와 마을 전체로 확대되어, 주민이 연계해서 함께 싸우고 아이들을 맡기는 탁아소를 만들어서 공동으로 아이 키우기를 하였다. 그 과정에서 부모들의 의식개혁이 이루어졌다.

심하고 죽을 수 있는 장소'로 표현하였다.

'아이 상품화'와 부모의 아이 관리 욕망에 의한 '부모 떠나기', '아이 떠나기'의 어려움이 팽배한 이 시대에 '인연'과 '익숙함'으로 충만한 사람들과의 연결고리를 자아내는 꿈을 놓지 않고, 그 꿈을 좇고 싶다.

아이들이 '있어야 할 곳' 혹은 '있을 곳'이 점점 없어지고 있는 것은 아닐까 생각한다. 사람은 누구라도 살아가기 위해서 어딘가에 자신이 맘 놓고 살 수 있는 곳을 필요로 한다. 자신이 여기 있다는 것의 의미를 사람은 각각의 만남 속에서 서로 만들어낸다. 가정, 지역, 직장 그리고 이이들에게 있어서는 학교가 거기에 해당할 것이다.

그러나 지금 아이들은 어디에 안주할 수 있을까?

아이들은 자기가 있을 곳 만들기의 달인이다. 어디서나 언제라도 지금 있는 곳을 좋아하게 된다. "엄마, 아빠 너무 좋아.", "친구들이 너무 좋아." 아이들은 자기 집, 그들이 속한 지역사회 그리고 학교를 사랑하고 자신이 있을 곳을 사랑한다. 이사와 전학을 슬퍼하지만 또 곧바로 새로운 장소와 친구를 사랑하기 시작한다.

그런데, 그러한 힘으로 충만한 아이들이 자신이 있을 곳을 잃어버림으로 인해 곤란을 겪고 있다. 지금 시대에 충분히 있을 수 있는 일이라고 생각한다.

아이 키우기가 걱정이다. 부모가 어떠한 존재로 아이에게 다가가야 할지, 이대로 좋은지 문제는 없는지, 아이를 관리하는 사람들은 탄식한다. '학교에 상담자를', '부모에게는 심리학을' 이러한 것들이 필요하다는 목소리가 힘을 얻어 학교에 전문 상담가도 배치하게 되었다.

심리학은 과연 아이들에게 구세주인가?

지금 아이들을 둘러싸고 있는 곤란한 사태 속에서 '아이가 있고 싶어 하는 곳', '있어야 할 곳'을 여유롭고 넉넉한 곳으로 만들자고 생각하는 사람들의 바람이 조금씩 연결되어 힘을 계속 모으고 있다. 이 책에서 내가 주장한 것들이 그 노력에 조금이라도 힘을 보탤 수 있다면 아주 다행이라고 생각한다.

이전에는 심리학에 기대를 가졌었고, 그 역할에 의문을 갖게 되고, 지금은 비판적 관점을 갖게 된 나의 입장은 아이들과 남편과의 삶, 내가 속한 지역 부모들과의 연대, 대학생들과의 토론, 학회활동을 함께 해온 친구들과의 교류 속에서 성장한 것이다. 그들에게 진심으로 감사의 마음을 전하고 싶다.

옮긴이

박동섭

학문 간의 경계와 지역 간 그리고 연령 간을 가끔씩 쉬어가면서 이동하는 이동연구소 소장 및 독립연구자.

한국 사회에서 아직 제대로 조명을 받지 못하고 있는 논리실증주의와 반(反)지성주의라는 프로크루스테스의 침대에 갇혀 있는 '비고츠키 구하기'에 전념을 다하고 있다. 아울러 '비고츠키라는 심연의 숲'에서 길을 잃고 조난당한 사람들을 구조하기 위해 세인트버나드를 자청하고 있다.

일상과 보통과 당연 그리고 물론을 비판적으로 응시하고 해독하는 사람들의 사회학(Ethnomethodology) 연구자의 입장에서 <트위스트 교육학>, <아마추어의, 아마추어를 위한 아마추어에 의한 사회학>, <침대에서 읽는 비고츠키> 강좌 시리즈를 이동하면서 수행하고 있다.

'지적 괴물'인 우치다 타츠루 철학과 '무사적인 글쓰기의 대가' 김영민 철학에 깊은 영향을 받고 '복잡성의 철학', '일리의 철학' 그리고 '지역 한정 · 기한 한정 철학'에 기초해서 인간, 사회, 심리, 교육 그리고 가르침과 배움에 대한 새로운 밑그림 그리기를 시도하고 있다.

쓴 책으로 ≪비고츠키, 불협화음의 미학≫(2013)와 ≪레프 비고츠키≫(2016)가 있고, 옮긴 책으로는 ≪심리학은 아이들 편인가≫(2010), ≪스승은 있다≫(2012), ≪14세 아이를 가진 부모들에게≫(2013), ≪보이스 오브 마인드≫(2014), ≪아이들이 있는 곳에서부터≫(2015), ≪수학하는 신체≫(2016) 등이 있다.

오자와 컬렉션 ❶

심리학은 아이들 편인가 교육으로부터의 해방

2010년 1월 25일 1판 1쇄 발행 2015년 2월 10일 2판 3쇄 발행
2011년 3월 15일 1판 2쇄 발행 2016년 10월 30일 2판 4쇄 발행
2012년 9월 25일 2판 1쇄 발행 2018년 12월 5일 2판 5쇄 발행
2013년 10월 25일 2판 2쇄 발행

지은이 오자와 마키코(小沢牧子)
옮긴이 박동섭
펴낸이 조재성
펴낸곳 서현사
(10447) 경기도 고양시 일산동구 중앙로 1055번지 레이크하임 206호
전화 031-919-6643 팩스 031-912-6643
등 록 2002년 8월 14일 제03-01392호

ISBN 978-89-94044-47-7 93180
ISBN 978-89-94044-72-9 (세트)

정 가 12,000원